自闭症儿童锻炼手册

[美]大卫·盖斯拉克◎著
王 丽 王庭照◎译 宁 科◎审校

David S. Geslak, ACSM EP-C, CSCS

华东师范大学出版社
·上海·

图书在版编目（CIP）数据

自闭症儿童锻炼手册/（美）大卫·盖斯拉克著；
王丽，王庭照译.—上海：华东师范大学出版社，2024
ISBN 978-7-5760-4326-6

Ⅰ.①自… Ⅱ.①大…②王…③王… Ⅲ.①孤独症
—儿童教育—特殊教育—手册 Ⅳ.①G766-62

中国国家版本馆 CIP 数据核字（2024）第 087705 号

THE AUTISM FITNESS HANDBOOK by DAVID S. GESLAK
Copyright © [David S. Geslak, 2014]
This translation of 'The Autism Fitness Handbook' is published by arrangement with Jessica Kingsley Publishers Ltd
www.jkp.com
Simplified Chinese translation copyright © 2024 by East China Normal University Press Ltd.
All rights reserved.
上海市版权局著作权合同登记 图字：09-2020-1202 号

自闭症儿童锻炼手册

著　者	〔美〕大卫·盖斯拉克
译　者	王　丽　王庭照
审　校	宁　科
责任编辑	张艺捷
责任校对	李琳琳
装帧设计	卢晓红
出版发行	华东师范大学出版社
社　址	上海市中山北路 3663 号　邮编 200062
网　址	www.ecnupress.com.cn
电　话	021-60821666　行政传真 021-62572105
客服电话	021-62865537　门市（邮购）电话 021-62869887
地　址	上海市中山北路 3663 号华东师范大学校内先锋路口
网　店	http://hdsdcbs.tmall.com
印刷者	上海商务联西印刷有限公司
开　本	787 毫米×1092 毫米　1/16
印　张	10.75
字　数	132 千字
版　次	2024 年 11 月第 1 版
印　次	2024 年 11 月第 1 次
书　号	ISBN 978-7-5760-4326-6
定　价	39.00 元

出版人　王　焰

（如发现本版图书有印订质量问题，请寄回本社客服中心调换或电话 021-62865537 联系）

译者序

假设这样一种场景：晴朗的午后，明媚的阳光如同波光粼粼的湖水，随着风的吹拂在林间的树梢上跳跃；又如同细碎而闪亮的金子，透过密林的枝桠和树叶，洒在蒸腾着气息的温润土壤上，为这片生机勃勃的"林下世界"播撒着希望。在这里，自闭症儿童仿佛找到了自己的乐园，他们像林间的生灵一样，以自己独特的方式感受着这个世界的脉动。他们的存在，如同这宁静而平和氛围中的一部分，既独立又和谐，与自然共生共存，展现出蓬勃的生命力。

自闭症谱系障碍，简称自闭症，是一种复杂的广泛性发展障碍，其核心症状是社交沟通障碍，以及限制性、重复性行为和兴趣。有鉴于此，我们长期以来更多地把自闭症儿童视为需要加以矫治和康复的特殊群体。但自闭症儿童对细节的敏感，对规律的执着，以及对世界的独特感知方式，在适合的支持环境中，也可能转化为他们与众不同的能力。就如同开头所描绘的"林下世界"，明媚的阳光、温润的土壤、蓬勃的生命，共同构成独立和谐、共生共存的融合氛围。在这个环境中，自闭症儿童得到充分的尊重与支持，能够以自己的节奏和方式绽放生命的光彩。他们的故事，就像森林中的每一片叶子，虽然形状各异，却共同构成了这片森林的壮丽景象。他们的存在，提醒我们世界的多样性和包容性，也让我们学会更好地欣赏和尊重每一个独特的个体。

或许是抱着这种美好的期许和愿望，本来和自闭症研究毫无瓜葛的运动教练大卫·盖斯拉克，当十几年前开始训练第一个自闭症儿童后便一发不可收拾，先后有多名自闭症儿童（作者称他们为"运动能手"）在其指导下进行锻炼，并和这些自闭症儿童及其家长建立了密切联系，共同打造"林下世界"。作者认为，作为专业人士，无论是在言语语言治疗、职业治疗或行为治疗的哪个临床康复领域工作，一旦发现自闭症儿童有活动及运动不足的问题，都应该尽己所能地去帮助解决，并教育家长认识到运动的价值；而作为家长，不能浪费等待的时间，应积极让孩子参与运动来满足他们感觉统合的需求，保持健康的体重和生活方式，并由此建立儿童与父母、兄弟姐妹及其他人之间的相互连接。

一般认为，让自闭症儿童积极参与锻炼或任何新的日常活动是极其困难的一件事情，其主要原因在于我们可能忽略了自闭症儿童的儿童属性。作者认为，自闭症儿童首先是儿童，然后才是患有自闭症，而不是突出自闭症却忽略其还是儿童。请务必记得把"儿童"放在第一位，把残疾放在第二位。而如何激发自闭症儿童参与锻炼的积极性，作者在本书第一章（锻炼——建立健康、自尊和人际关系的通路）提出了日常锻炼的八个要素，分别是：构建结构化环境（结构体系和锻炼常规）、使用视觉支持策略（一图胜万言）、观看动作示范（成为孩子的榜样）、传递积极态度（动力）、做好失败准备（耐心）、及时反映问题（发声反映）、注重音乐使用（音乐的声响）、取得家庭支持（家庭的强大作用）。由此，我们可以调动自闭症儿童参与运动锻炼的积极性，并建立指导者教学实践的信心，保障自闭症儿童在运动锻炼中受益。

本书第二章（重新审视身体素质五要素），作者提出了"自闭症谱系障碍儿童身体素质的五要素"，即身体意象、身体姿势、运动协调、肌肉适能、心血管健康。身体意象是指一个人对自己身体及其各部分的概念，了解身体是如何运动和发挥功能的；身体姿势是指身体所处的任何位置，展示了平衡及静态和动态转换的灵活性；运动协调是指运用视觉、听觉等感官及身体各部位顺利和准确执行运动任务的能力，包括了粗大动作和精细动作的协调；肌肉适能是指肌肉的力量和耐力，同时包括了传统的肌肉力量和肌肉耐力两要素的结合；心血管健康是指心脏、肺和血管系统将氧气输送给工作中的肌肉，以维持长时间体力劳动的能力。此外，作者还专门强调了腹部力量，是指稳定、调整和移动身体躯干的肌肉的平衡发展，认为其是自闭症儿童身体的一个重要薄弱领域，应把腹部力量练习看作一个单独的部分加以重视。

本书第三章为"制定个别化方案"，作者讨论了"健身真人秀""环境""去杂货店""运动组数和重复次数"几个话题，指导读者学习为自闭症儿童制定个性化的锻炼方案，强调了具体目标设定和信心建立、环境准备和视觉支持策略使用、顺序性任务清单的制定、适当运动强度和"少即是多"理念的贯彻等相关问题，契合了自闭症儿童的发展实际和心理特点。第四章为"创建个性化视觉锻炼时间表"，作者继续讨论了自闭症儿童参与锻炼的独特性，主要介绍了几种视觉支持工具的使用，如"先—后顺序板""开始/结束锻炼时间表""倒计时板""干擦板"等，并强调了这些视觉支持工具和策略使用的一致性，应保证在自闭症儿童喜欢的、习惯的环境中使用这些视觉支持工具。第五章为"运动能手的故事"，通过分享作者与自闭症儿童一起锻炼的真实案例，展示了锻炼如何改变他们的生活，以及如何克服挑战成为"运动能手"的详细过程。作者介绍了亚当、安东尼、本、德里克、RJ、瑞秋、比尔、罗恩等自闭症儿童的个性化锻炼历程，富有启发性和参考价值。

上述五章共分为三个部分，分别是第一部分"参与"（包括第一章）、第二部分"教育"（包括第二章、第三章、第四章）、第三部分"赋能"（包括第五章）。在前述讨论的基础上，本书第四部分"锻炼"共包括第六章至第十一章六章，以较大篇幅逐次介绍了身体意象、身体姿势、运动协调、肌肉适能、腹部力量、心血管健康等六个方面共 46 种具体的锻炼方法。作者注重以图文并茂的方式进行，每种锻炼方法均包括"目标""如何做""做多少""训练贴士"四部分，对该方法的目标、功能、操作方法、运动强度及注意事项进行了详细介绍。这些锻炼方法都是作者长期以来积累并经过检验的切实可行的方法，对自闭症儿童运动能力的发展大有裨益。

本书译者受原著所表达的对自闭症儿童积极认同的吸引，亦深感运动锻炼对当下我国儿童尤其是特殊儿童发展具有独特价值，受华东师范大学出版社委托，毅然承担了本书翻译工作。在翻译过程中，进一步加深了运动锻炼对自闭症儿童的价值认识，也深深感受到与特殊儿童及其家长心手相牵陪伴守护的责任感。本书翻译工作由陕西师范大学心理学院王丽副教授整体统筹，各章的初译工作主要由研究生熊亚文、刘一楠、李逸凡承担，研究生万浩、李冰也参加了部分工作。初译工作完成后，王丽副教授、王庭照教授对全书进行了多轮逐句审核和整体校对。为保证专业词汇翻译的准确性，特邀请陕西师范大学体育学院宁科教授进行了审校。在此对参与翻译工作的各位同行、学生一并表示感谢！此外，特别感谢华东师范大学出版社编辑张艺捷女士，她对此书翻译工作一直持续推动促进，付出了大量努力和辛勤工作。谢谢大家的相知和信任！

本书主要就自闭症儿童的运动锻炼进行了专题讨论，介绍了作者在相关领域的实践经验及可操作性方案。如果自闭症儿童家长、康复或特殊教育领域专业工作者能认真阅读本书，并身体力行付诸实践，相信定能收获良多，使自闭症儿童的锻炼行为有效改善，并在这个过程中感受到神经多样性之美，倍增专业责任感。让我们一起走进这个融合共生、宁静平和的"林下世界"，去倾听自闭症儿童的心声，去感受他们的生活，去理解他们的世界。

译者序

让我们携手，为自闭症儿童搭建一座桥梁，连接他们与社会的每一个角落，帮助其共享运动之美，收获锻炼之益，让这个世界因为有了他们而更加丰富多彩。是为序。

王庭照

2024 年秋于陕西师范大学

免责声明

　　与其他任何需要身体活动的方案一样,建议在遵循本手册中的锻炼方案之前先咨询医生。

献　辞

当十年前开始教我第一个患有自闭症谱系障碍的孩子运动时，我从没想过会有今天这样的我……

我很幸运能和我所有的运动能手及其家人一起工作。亚当、安东尼、本、比尔、布罗迪、德里克、马克斯、诺埃尔、瑞秋、RJ 和罗恩，你们每天都在激励着我，让我成为一个更有学识的教练、一个更强大的领导者，并且永不放弃我的梦想。谢谢你们和我一起挑战你们的极限，但永远要记得——是你们一直在推动着我。

感谢我的妻子杰西卡。你一如既往地每周七天都支持我，支持我无休无止地工作。当我专注于帮助自闭症这一群体的时候，我无时无刻不在想着你。你是我一生的挚爱，我爱你。

感谢我的爸爸妈妈。成长过程中我原先没有明白你们为养育我和丹尼所做的一切，这么多年过去后，我想我已懂得，但我还要继续向你们多多学习。谢谢你们让我成为今天的我，我爱你们。

感谢杰，两年时间过得真快。当时你打电话过来，说"我想帮助你"，现在想来好像还是昨天。你的指导和支持对我而言远胜一位导师所能起到的作用。你是我最亲爱的朋友之一。感谢你为我和我的家人所做的一切，感谢你对所有运动能手和这个团队所产生的影响。

感谢十年前的那一天，感谢这一切让我明白了应该坚持的道路。虽然这条道路时有坎坷，但我知道这条路上的你们不会再有其他选择。我同样坚定不移。

序　言

体育锻炼是最易被低估的活动之一。越来越多的文献表明，体育锻炼在情绪和感觉调节、运动控制甚至与他人的社交互动方面有着广泛益处。通过我本人患自闭症的经历，通过与其他自闭症谱系障碍者的交谈，以及在研究自闭症儿童教育方法的过程中，我看到了许多体育活动和健身给人们生活带来巨大改善的例子。我无数次亲历或听到别人感叹，在一天的剧烈运动之后睡得有多好。

大卫·盖斯拉克的工作更关注自闭症谱系障碍者的能力而不是缺陷，他提供了参与、教育、赋能和锻炼的实际解决方案——即锻炼和健身的四个"E"，使所有自闭症谱系障碍者都能够接触到锻炼和健身。四"E"方案以易于实施的方式系统地提供了实际的步骤，以一种支持者的姿态，以及自闭症谱系障碍中那些有足够能力理解本书所提供信息的人可以理解的方式，关注患有自闭症的人能够做什么。

作为一名自闭症患者，我很幸运，因为我的父母拒绝了制度化刻板化的所谓"专业"收容建议，而是更乐于实施他们自己的——也即我们今天所说的，基于家庭的强调运动、感觉统合、叙事、音乐和模仿的密集型早期干预计划，具体包括伴随音乐律动，以及在家里的秋千、攀爬架和院子里的其他相关设备上进行的摇摆、跳跃、滑行和其他活动。

然而，由于在本体感觉、协调和感知方面所面临的挑战，以球类为主导的团队运动对我根本没用。我讨厌学校的体育课。父母和其他人强迫我和同学"出去打球",带给我的只有眼泪和沮丧,因此我会大喊:"我讨厌运动!"父亲试图通过让我接球来训练我,结果我跑掉了。玩滚地球虽然很容易,但我担心投来的球会击中我……所以我就跑开了。

在童年的运动"生涯"中,我确实有一次接住了一个飞球。那是在夏令营的时候,当时我在外场看到一个球从高空落下。我不敢看它,只是伸出手套,盯着球场尽头在微风中摇曳的树木,结果手套里传来美妙的"砰"的一声。我接住了!在祝贺我第一次接到飞球时,教练提醒我说,我"真的需要一直盯着这个球"。这些例子反映了在体育活动中曾对我进行训练的尝试。而本书中赋能部分提出的建议和技巧亦会对此有所帮助。

相比球类,我对瑜伽、骑自行车和攀岩等运动十分感兴趣。我宁愿骑自行车140英里,或者借助绳索攀登垂直岩壁,也不愿参加足球、快速度球类运动或碰撞类运动等游戏。这些类型的运动健身同样是有效的!正如本书中大力倡导的那样,最重要的是关注运动的有效性,其次再通过自闭症障碍者所知道的最佳学习方式来教授可能具有挑战性的运动。幸运的是,我们现在已经有了这些技术——例如视觉时间表、权力卡片、社交故事、其他社会叙事、示范模仿等。正是大卫·盖斯拉克这样的人将其整合在一起。

通过将教育自闭症儿童的成熟技术和实践与运动和体育教学的指导和方向相结合,自闭症群体获得了重要资源,自闭症谱系内外的人们也都能够在运动健身方面达到更高水平。

斯蒂芬·肖尔,教育博士
阿德尔菲大学特殊教育临床助理教授
研究自闭症谱系障碍者相关问题的国际知名专家、顾问和演讲者

目 录

前言 ·· 1

第一部分 参与

第一章　锻炼——建立健康、自尊和人际关系的通路 ············ 3

第二部分 教育

第二章　重新审视身体素质五要素 ···························· 13
第三章　制定个别化方案 ···································· 22
第四章　创建个性化视觉锻炼时间表 ·························· 27

第三部分 赋能

第五章　运动能手的故事 ···································· 39

第四部分 锻炼

第六章　　身体意象 ·· 57

第七章　　身体姿势 ·· 69

第八章　　运动协调 ·· 82

第九章　　肌肉适能 ·· 99

第十章　　腹部力量 ·· 111

第十一章　心血管适能 ·· 125

参考文献 ·· 145

前 言

缺乏运动是一种可以改善的状况。但它却可能是最具挑战性的事情之一，因为它需要我们真正行动起来。它不能在电脑上完成，也不能通过在臀部佩戴计步器、在手腕上戴上运动手环或者在鞋子里装上设备来实现。世界上没有魔法药丸，将来也永远不会有。锻炼是我们所有人的必需品，它给予人们能量，使人平静，帮助入睡，调节情绪，启迪智慧，增强力量——而我们大多数人似乎这样做了，却又没有真正认真去做。

发表在《儿童期肥胖》上（艾根等，2013）的一项研究表明，超过30%的自闭症儿童超重或肥胖，明显高于普通儿童总数的12%—24%。因此我对父母们正在寻找自闭症锻炼计划并不惊讶。对于自闭症人群，有一些正面的研究揭示了运动的好处：

在有氧运动之后，自闭症儿童可能会表现出注意广度和任务行为的增加，这可以有效控制许多与自闭症有关的不适当行为。（奥康纳，弗伦奇和亨德森，2000）

对于自闭症儿童来说，运动技能发展、语言发展、社交互动和学业成就之间存在着一定的关系。（麦克莱里、埃利奥特、桑帕尼斯和斯特凡尼登，2013）

具体来说，让各种特殊人群中的学生进行有氧运动已被证明可以减少非生产性、攻击性、刻板性、自伤性和破坏性行为，以及漫无目的的游荡

行为。（奥康纳等，2000）

但是很显然，以上研究还不足够，这方面还需要更多研究。

那些观察到在锻炼后立即出现最大程度变化的研究也发现，在两周内，有发展障碍的成年人的不适应行为又回到了原来的水平（罗森塔尔-马莱克和米切尔，1997）。

作为自闭症儿童的家长，你无法浪费等待的时间，也不应该被动等待每一项新的研究发现。你的孩子需要运动来满足他们对感觉统合的需求、保持健康的体重和生活方式，也需要有更多的机会和父母、兄弟姐妹或其生命中其他重要他人相互连接。而运动恰恰有超越健身的力量。

作为一名专业人士，无论在什么领域（语言治疗、作业治疗、行为治疗等），一旦发现学生有活动不足的问题，都应该尽己所能去帮助解决。首先要教育家长们认识到运动的价值，再与学生生活中的其他专业人士分享这一点。

我创作这本书，是为了给大家提供信息、指导、结构和视觉支持，让大家可以轻松地开始锻炼计划。家长可以使用这些基础信息开始与孩子或学生一起锻炼，而不必等待其他人来解决孩子潜在的不活动问题。

如果你的孩子早早被诊断为自闭症，那么有一天孩子很可能会结束作业治疗（OT）和/或物理治疗（PT）。虽然这个目标可以期待实现，但对感觉统合的需求将永远是自闭症障碍者生活的一部分。他们将会需要一种在紧张时刻平静下来以及继续提高身体素质的方法，锻炼就是答案。

这一点也许现在听起来很难理解，但我确实每天都会接到不再接受OT／PT治疗的青少年家长和成年人打来的电话，他们因为整日坐在沙发上拿着平板电脑、电子游戏控制器或 DVD 遥控器而导致体重增加。请尽早让孩子们参加锻炼，这会让他们的成长过程更容易转换。

大多数人，尤其是自闭症儿童，不运动的一个主要原因是有关运动的教育非常缺乏。运动效果经常通过男人不穿衬衫展示肌肉、女人穿着比基尼和运动内衣展示腹肌而广泛宣传。确实，运动锻炼者的肌肉和腹肌可能能够显示其健康，但并不是每个人的身体都能达到如此程度。

虽然运动已被证明对自闭症儿童有益，但开设运动课（作为体育课的一部分，在公园里或公益组织中）往好了说是有挑战性，往坏了说就是有组织的混乱。请想象一下这样的场景：异物（如球）漫无方向乱踢乱扔，房间里明晃晃的灯光、回荡的声响以及超过 30 个孩子但只有一两个老师的教室……天哪！难怪孩子们不能投入体育教育，他们必须有一个能够适应其需求的锻炼环境。

此外，充分认识运动会带来的感官感受也很重要——例如心率加快，汗水从毛孔流出或从额头滴下，以及肌肉被拉伸的感觉。这些感官感受可能会导致自闭症孩子焦虑，并在其身体上产生我们可能永远无法理解的生理反应。

不知你是否还记得"坐位体前屈测试"？坐位体前屈测试要求坐下来把双腿伸直，然后尽量用手去触碰脚趾，手能超过脚趾则更好。在被称为物理治疗的"法宝"《肌肉：测试和功能》（肯德尔、麦克雷里和普如万斯，1993）一书中，关于"坐位体前屈测试"的描述是这样的：

> 对于许多 10 到 14 岁的青少年来说，在特定年龄段采用坐位体前屈时手无法触及脚趾是完全正常的——更不用说手超过脚趾了。那些身体不平衡的个体反倒可能"通过"坐位体前屈测试，而许多具有与其年龄相适的

身体灵活性的孩子则将在测试中"失败"。这是测试设计本身的问题。与其说是孩子们没有通过测试，不如说是测试没有让孩子们通过。

这太悲哀了！你猜怎么着？尽管已经过去了 21 年，这项测试却仍然在大多数体育教室中采用并实施。

如果我们的孩子将自己与这些不切实际的、所谓的"正常"身材类型相比较，并被置于可怕和不舒服的环境中，而我们却继续通过那些只能教授有关其健康水平的不准确信息的运动来评估孩子，那么我们如此缺乏体育活动则完全可以理解。

尽管本书提供了不止 40 项运动，但我希望大家逐一了解不要跳过并开始行动，尝试和孩子一起锻炼。我希望家长在运动结构、激励因素和视觉支持的使用方面受到教育影响，这样你就有最大机会在运动方面和孩子或学生一起取得成功。

贯穿全书，我一直把自闭症障碍者称为"孩子"；其实，书中所指的"孩子"同样可以被学生、青年或成人代替。本书中提到的运动、活动和规程已经被用于 3 至 60 岁各年龄段的人。请特别注意，这些运动将使各种能力水平的孩子和成人受益。

本书共分以下四个部分，它有助于你更好地理解运动锻炼，并使你的孩子或学生能够建立运动的联系：

1. 参与
2. 教育
3. 赋能
4. 锻炼

参与

这部分是基于我近十年来在学校和组织中与自闭症和其他认知障碍的儿童和成人一起锻炼的经验写作而成。

通常情况下,要想让孩子或学生参与锻炼或开始任何新活动,必须得有一些富有创意的想法。虽然有的专业人士可能会把孩子看作"来访客户""个案研究"和"自闭症儿童",但你必须记住,他们首先仅仅是孩子。

如果你是与成年人一起锻炼的家长或老师,锻炼开始可能尤为困难,因为他们的身体之前可能从来没有经历过这样的壮举。为了让其积极参与,你可能需要跟他们同步,采用同样的锻炼结构,给他们相应的视觉支持、激励措施并抱持极大耐心。

教育

成功吸引孩子或学生的注意力之后,就要开始教授锻炼的目的和意义。我将和大家分享"自闭症谱系障碍儿童身体素质五要素",讲解这些要素如何满足我们这类人群的需求。

在锻炼或尝试锻炼的过程中,请和孩子们分享以下几点的重要性:

1. 身体意象
2. 身体姿势
3. 运动协调
4. 肌肉适能
5. 心血管适能

除此之外,你还将了解到另外一个需要关注的关键领域:腹部力量。

即使和你一起锻炼的孩子没有言语行为,他们也会很清楚周围发生了什么。在孩子们的词汇中增加运动吧,让运动不仅成为生活的一部分,也能成为其语言的一部分。孩子们的大脑想要学习,所以请给其提供他们所渴望的燃料。

赋能

这部分内容目前为止我最喜欢。我能够有机会和大家分享我久经考验的真实的故事,讲述与我一起锻炼的许多人的挑战和成功案例,锻炼连接挑战之路,使其成为运动能手。

我曾听过许多家庭谈论孩子,描述他们对孩子的要求,以及他们如何设想运动成为孩子生活的一部分。但孩子有时可能会说"我不想锻炼",或者在沙发和椅子之间跳来跳去,或者摆弄iPad,不好好锻炼,或者孩子可能什么也说不出来。

很多时候我也并不确定自己是否能吸引并激励孩子锻炼,但我不会让这种不确定挡住我前进的脚步。我喜欢挑战。而现在对那些运动能手来说,锻炼已成为他们和家人生活中的重要部分。

每个孩子都有独特的优势和需求,但无论面临什么挑战,他们都可以获得积极的生活方式。请你阅读本书时好好享受这一部分。

锻炼

这可能是你阅读本书的主要目的。这确实是个机会,你可以把书中前三部分所学的知识付诸实践,并增强信心,和孩子或学生一起锻炼。这些运动锻炼遵循"五要素",包括腹部力量,每项运动我都提供有视觉资料支持。

我将在"目标""如何做""做多少"和"训练贴士"的标题下描述每项运动,有些还提供关于这项运动的一个"小妙招"或有趣的事实。

目标:描述这项运动的目的和你可能希望达到的目标。这个目标可能需要几天、几周、几个月或几年来实现,具体实现取决于孩子的能力。

如何做:为如何开始和结束运动提供循序渐进的步骤和方法。

做多少:描述每项运动应该做多少组、每组要重复多少次。请牢记这一指导方针:必须根据孩子的能力进行灵活调整。同时也请记住,少即是多!

训练贴士:这部分会提供视觉、语言、感官或触觉上的提示,帮助你给孩子教授这项运动。

 灯泡显示部分或者"妙招"部分,可能会给此项运动提供一个替代方案,或者解释其重要性。

家长请牢记,最最重要的是自己要先尝试所有的运动。如果自己都做不到,又怎么能期望你的孩子或者和你一起锻炼的孩子能够做到。

本书旨在为你个人、家庭或机构提供一个成功的开端;同时这仅仅只是一张导引地图。因为每个人都是独一无二的,并且某一天行得通的东西,第二天可能就行不通了。你的孩子有可能并不喜欢运动或某项活动,不要勉强他们参与。可以转向其强项,让孩子参与进来,并充分利用你作为妈妈、爸爸、哥哥/姐姐、治疗师或教育者的创造力,使所有的活动都成为孩子锻炼计划中的一部分。

如果你所在机构为孩子们提供了辅助性专业人员，请让他们也阅读本书，因为这些人员和父母一样，对孩子锻炼计划的支持和理解很重要。也请和孩子的治疗师、支持性工作者、教师、祖父母以及其他人分享本书及其提供的策略，这些人或许都能够帮助孩子走向积极锻炼的生活方式。

众所周知，每个伟大的艺术家背后都有一位老师，每个伟大的医生背后都有一位导师，每个运动员背后也都有一位教练。

现在，就请去做你孩子所需要的老师、导师和教练吧。

第一部分

参与

第一章

锻炼——建立健康、自尊和人际关系的通路

让孩子开始参与锻炼或任何新的日常活动都可能极其困难，特别是当孩子已经长大并且习惯了自己的日常活动。然而，事情不一定总是这样——如果你利用好激励因素，以及孩子当前的兴趣，那就可以成为你和孩子需要的开始。"说起来容易做起来难"，你看到这里或许会这么想。

专业人士认为，确立关系和建立信任对于任何成功的伙伴关系或计划都至关重要。然而，这一点却常常被忽略，人们的治疗设置过于强调数据追踪与优劣势的增减。在自闭症群体中工作时，我们必须记住他们先是儿童然后才是自闭症谱系障碍者，而不是突出自闭症却忽略其还是儿童。请把孩子放在第一位，把障碍放在第二位，这将会促进你的观念转变和教学转化。

家长朋友们——尽管我在你们家里花了数不清的时间、在会议上与你们交谈、在社区倾听你们的担忧、在个性化教育计划会议上倾听你们的需求，但我从不敢宣称我能对你们感同身受。我可以并将继续尽一切可能帮助你们的孩子，也会提供资源来帮助孩子们将锻炼融入生活。其他任何与孩子一起工作的专业人士也应该如此。

凯斯西储大学的杰拉尔德·马奥尼博士进行的一项研究指出，"在接受、享受、表达和温暖等方面有明显影响的促进者（比如父母或其他人）……与孩子的语言、社交能力、联合注意和自我调节能力的提高显著相关"（马奥

尼和佩拉莱斯，2005）。这是我读过的关于自闭症最有力的研究之一。

辅助性专业人员们——我曾经和你们一样，有过被自闭症孩子啃咬、扯头发、拍打、用指甲掐和给他们换尿布的经历。有很多次我不得不面对这些并保持微笑。孩子们并不总能控制自己的行为，他们自己不知道这是什么原因，往往也说不出来。但非常重要的是要认识到孩子正努力同我们交流，这些行为实际上可能是在表达诸如"灯太亮了""我饿了""太吵了""我胃疼"这样的情况，也可能是在表达"我很高兴"这样的情绪。

教师们——成为一名辅助性专业人员对我来说是最好的事情，因为这让我成功执行了一个锻炼计划。当专业的辅助人员花整整几天、几周，有时甚至是几年的时间和学生在一起时，他们几乎会像了解家庭成员一样了解学生。在一所学校担任自闭症孩子的健康协调员时，我的锻炼计划的成功实施就应归功于我的辅助者。我们之间彼此依赖，但最重要的是学生们如此依赖他们。如果助手们需要，我也会让他们休息，当然前提是我们能协调好所有事情。所以，如果你看到一个助手需要短时间的休息，就请让他们休息一下吧——哪怕仅仅是3到5分钟，也会让你的学生和所处教室的变化完全不同。

家长们——我相信你们一定经常听到下面这些话，并且可以填上各种表达：

"她做不到……"

"他永远不会……"

如果有一个专业人士这样跟你说孩子，可以设想他们怎么可能很好地激励和吸引孩子。请相信你的直觉，还是去找别人吧。

我在这里想告诉你的是（你可以帮我接续各种表达）：

"他可以……"

"她能做到……"

各位专业人士，自闭症家庭经常听到一些负面信息，或者是认为孩子出了问题，为什么我们还要不断增加强化这些负面的东西？如果转变观念，那么当你放学后给学生家长打电话，或者当他们下课后接走孩子时，我肯定你总能找到一些积极的内容来开始谈话。

锻炼时我们与其跟家长说"你孩子的手还是不能越过身体中线"，不如开始这样说："孩子一直在改进哑铃使用。他正在努力跨越身体中线，而我相信他一定能做到。因为他是如此努力。"

而重要的是希望你记住，作为一名专业人士或家长，你可能得改变对孩子的进步将会"何时"或"如何"发生的期望。

例如，我曾和凯文一起锻炼，他没有言语行为，腿上戴着矫正器，耳朵上戴着耳机，我试着让他双脚并拢跳然后分开。我几乎应用了所有我能想到的视觉支持和策略，经过几个月的尝试，他还是做不到。我就在日常锻炼中加入不同的他能成功完成的练习，尽量不去关注他做不到这件事情。就在我开始对自己的能力失去信心的时候，六个月后，凯文两脚分开又并拢跳了起来！

我不知道凯文那天能够成功跳起的确切原因，但那确实成为我永难忘记的一天。作为专业人士，为了切实帮助孩子，我们必须调整我们的日常锻炼、课程计划、期望，有时甚至是我们的教育。我们需要打破常规思维，最重要的是，要保持我们在开始第一天时与自闭症患者一起锻炼时的热情。这样做的时候，我们还必须灵活调整，这不仅有助于吸引孩子们参与锻炼，还能永远改变他们的生活。

为了让孩子们参与锻炼，了解锻炼的要素是很重要的。要遵守锻炼程序和常规，这不仅对许多孩子来说至关重要，而且对建立你自己教学实践的信心也很重要。

以下是应该日常练习的 8 个要素，可以帮助孩子参与进来，并增加其把运动作为生活常规一部分的机会。

1. 结构体系和锻炼常规

当开始确立锻炼常规时，结构体系至关重要。对于自闭症儿童，这类研究很多，其目的是了解怎样才能将他们的不适应行为最小化，帮助他们过上正常生活。结构安排是孩子成功锻炼的关键要素，应该在多种环境（比如教室、体育课、言语治疗、作业治疗、家庭）中推广。

如果试图把自闭症儿童放在一个非结构化的环境中，那孩子就会做出非结构化的反应。但即便在确立了结构体系之后，当你一开始执行一个锻炼计划时，也可能会遇到孩子的不适应行为。请一定继续前进并遵循剩下的步骤！

自闭症儿童的不适应行为往往是由于进入了一个新的环境。此种情形下他们可能没有真正参与你或你的组织机构所提供的服务。这种锻炼结构可能是孩子一开始所不习惯的；但它所提供的价值是无价的。这也是你教育家长充分认识结构化环境的重要性的大好机会。请继续致力于改变自闭症孩子的生活吧，因为即使无法开口表达，孩子们也会感谢你的努力。

我会在书中展示一个已经多次应用成功的关于锻炼的结构安排，尽管这并不意味着它会同样适用于你的孩子。特别要提醒的是，你可以应用孩子已经擅长的结构安排。请别仅仅因为本书提到它就不分情况盲目照搬。如果盲目搬用，你很可能会遇到孩子的不适应行为，运动也可能因此被孩子视为消极事物——这恰恰是你并不期望的。

2. 一图胜千言

有些自闭症儿童可能不能完全理解口头指示，而只听得懂口头语句中的几个词。例如，如果说，"约翰尼，抬起右膝盖越过障碍，然后再抬起左膝盖"，孩子可能只能理解"约翰尼"，或者"左"，或"约翰尼……右……左"这些词。可以看到这种做法可能会让孩子感到困惑或沮丧。

视觉支持，特别是视觉锻炼系统，或任何展示某人或人物执行动作的照片，能够帮助孩子成功执行运动方案。视觉支持的使用不会妨碍孩子的发展及其对要求执行的活动或技能的理解。如果你正在和一个新来的孩子一起锻炼或教授一个新概念，使用视觉支持可以对孩子准确而充分地执行任务和实施行为产生巨大的影响，带来很大的不同。

我开发了针对孩子而非家长或老师的视觉锻炼系统。这套系统有纸质版和电子版，它将运动分解，以便孩子从视觉上和认知上理解运动，其最终目的是让孩子有机会独立锻炼。

如果你和一个平时不需要视觉支持的孩子一起锻炼，那可能没必要使用它们。但确实应该总是在适当的地方准备好视觉支持以备需要。请考虑一个"待办事项"清单，如果你向孩子展示这些运动期待，他们可能更倾向于完成那些被视觉支持材料所呈现并且可以顺利通过的身体活动。

视觉支持可以包括：

- 图片时间表
- 台卡——对活动或运动的描述
- 倒计时板
- 先-后顺序板
- 白板

- 计时器（秒表，沙漏计时器）

3. 成为孩子的榜样

无论是教孩子还是老人做一项运动，让他们直接观看示范活动或运动会很有帮助。虽然视觉支持卡片被认为可以替代这一过程，但是它并不能完全起到作用。示范活动可以向孩子们表明你自己也想要参与其中，而不是仅仅指着图片指示孩子去做一项运动。那样的话并不有趣，也没有激励作用。如果你自己不能亲自去做或者示范某项运动，那就别指望学生会有热情去做。

此外很重要的一点是，要认识到，孩子们对某项运动的呈现，看起来不一定与视觉支持卡片或是你自己的演示完全一样。这是可以接受的！

刚刚开始一项运动时，如果看起来不完美，请不要说"不对，再试一次"，或者"错了，你得改正"。在孩子的头脑和身体中，它可能是完美的，他们可能在想，"我只是做了你所要求的事情"。他们也可能做一些身为教练/导师的你从未想过的事情。为什么要阻止这一切呢？请多鼓励、表扬并激励孩子——当然，除非他们处于痛苦之中，或置于有潜在危险的位置或环境中。

让孩子的身体动起来是成功的一半，而你可能只需一项运动就能够做到！你总可以指导和提示他们采用更准确的身体姿势。

4. 动力

无论你是自闭症儿童的家长、老师还是专业人员的助手，你积极的态度可能是任何计划或治疗中最重要的组成部分。孩子们完全能理解你的行为是否真诚。他们也许无法完全理解你在说什么，但你的非言语交流所传递的信息比你所意识到的更多。

如果你的职责是监督锻炼计划和参与的助手，请一定要关注你的员工。如果一个助手的非言语信息是在告诉你他们需要休息或者感到沮丧，那就想办法让他们休息一下。我们作为一个团队都是孩子们的积极榜样，孩子们需要我们团结一致的领导。

5. 耐心

自闭症孩子和正常孩子的处理事情方式不一样。如果你期望他们一样，那恐怕就得做好失败的准备。而我们承认两者学习不同，并不违背我所强调的"关注孩子的能力，而不是只看到他们的障碍"的理念。

如果提供结构安排、视觉支持和激励措施，自闭症孩子就能而且将会按照你说的去执行。一项运动或活动可能不会在一天、一周或一个月之内完成，但成功终有一天将会到来，并且当它到来时，会是多么令人惊讶欣喜！

6. 发声反映

如果你的孩子没有被纳入日常体育计划，你需要及时向相关部门反映。你可以向家长教师组织（Parent Teacher Organization，PTO）和其他受自闭症影响的家庭解释说明体育活动的重要性，并找出学校行政部门不把运动作为优先事项的原因。

当我问到学校的体育老师时，我发现他们清楚地知道这类运动计划的重要性，但有时由于某些州的法律和通常有限的预算，他们的手脚被束缚住了。在倡导体育教育时可以雇佣一个团队来操作，以确保体育成为孩子日常教育的一部分。

7. 音乐的影响

对许多孩子来说,音乐是巨大的动力因素。如果它确定有效,就多使用,即使这意味着要连续一个小时播放同一首歌(专业人士请确保你得到了家长的许可)。在和我的一个学生一起锻炼时,我都记不清听过多少次《欢乐满人间》原声带中的"一勺糖"这首歌了。每次听到这首歌,我的笑容就会更加灿烂,因为它让我想起了这个孩子不断晃动身体的样子。

音乐是很多人去健身房的巨大动力。下次再去健身房的时候,可以看看周围有多少人正戴着耳机听着音乐。

音乐的作用对我们的孩子来说也一样,等他们长大后,音乐的魔力甚至可以帮助他们在健身房感到舒适放松。

8. 家庭的强大作用

锻炼可以为父母、兄弟姐妹、祖父母和监护人提供另一种与自闭症儿童接触的方式。在家里,家庭成员必须共同努力改善需要帮助的孩子的健康状况。这需要结成团队共同努力,所有成员都需要投入等量的工作。

你可能会发现,当你去地下室锻炼的时候,孩子会观察到你离开,然后有一天,孩子可能会跟着你一起行动。我想让你感觉到轻松,提供一些你可以教孩子、跟孩子一起做的运动。我相信这本书会对此有所帮助。家长朋友,请你成为孩子们需要的健康和健身的引导者,并且最重要的是,请享受和孩子在一起的时光。

第二部分

教育

第二章

重新审视身体素质五要素

你是否还记得小学数学老师在考试时会说，"最先完成者，成绩就最好"？从某种程度来说，这就是 20 世纪 60 年代以来体育背后的哲学思想。"（美国）总统的挑战——体质测试计划"对学生在仰卧起坐、往返跑、限定英里跑/走、引体向上、俯卧撑和坐位体前屈等方面的体质水平表现给予了相应奖励。通过这些活动，孩子被评估的实际是运动的数量（例如，做了多少俯卧撑，跑得有多快），而不是质量（例如，正确的身体形态和身体力学）。

我们的工作是与不断发展中的身体打交道，这种过时的体育教学方法不能满足孩子的身体需要。更重要的是，这种类型的体育教学不能满足自闭症儿童的需要或任何特殊需要。每个孩子在身高、身体形态和运动能力上都不相同，都应该被看作是独一无二的。一个孩子所取得的显著进步可能并不代表另一个孩子也能获得这样的重大成就。如果我们只强调超额锻炼和运动的数量，我们就不是在对孩子们进行关于身体的教育，孩子们也没理由能够充分享受体育活动。

近 50 年来，学校一直在教给年轻人和家长关于身体素质的五要素：身体成分、柔韧性、肌肉力量、肌肉耐力和心血管耐力。这些组成部分一直是，并将继续是许多锻炼计划的基础。虽然它们仍然是健康的重要组成部分，但已经过时了。过去 30 年里，我们的孩子变得更加不爱动、更加肥胖（有些孩子年仅 5 岁就被诊断出患有 2 型糖尿病），越来越多的孩子被诊断出有自闭症和其他特殊需求。体育在美国学校里也并没有真正被列为优先考虑的事情。

当"不让一个孩子掉队"的理念引入美国，注重孩子们在数学、科学和阅读方面取得更好成绩时，体育是第一个被"踢走"的项目。而具有讽刺意味的是（并且我相信其实相关人士自己也知道），体育活动——身体运动、到处跑动、运动所提供的血液流动的增加——已被证明有助于我们所有人学习和建立新的大脑细胞（克里拉等，2010；埃里克森等，2011）。

我自己创建了"自闭症谱系障碍儿童身体素质五要素©"，希望能够对抗现在孩子们久坐更多和充斥新科技的生活方式，并能更准确地反映我们从大量研究中所学到的东西。

这五个重新调整后的要素是：

1. 身体意象
2. 身体姿势
3. 运动协调
4. 肌肉适能
5. 心血管适能

另外，当你和孩子一起锻炼时，还需要强调腹部力量。虽然腹部锻炼可以归类为"姿势"和/或"肌肉健康"，但因为这是自闭症孩子一直都很薄弱的一个身体区域，所以需要单列出来以引起重视。

真的是时候了，得让孩子、家长以及与他们一起锻炼的专业人士具备体育素养，让运动真正被列为优先考虑事项。

以下将给出这五个要素的定义，并且说明其对孩子的锻炼计划的必要性。

第二部分　教育

1. 身体意象

是指一个人对自己身体及其各部分具有的概念。

虽然通常我不会给某部分以特别的权重，但这一点可能真的是最重要的。在与成年人打交道时，我经常看到他们无法辨认自己身体的各个部位，或者不知道自己身体左右两部分的区别。这确实让人很难接受。

如果我们要教孩子用到他们身体每个部分的锻炼和运动，那么他们不仅应该能够识别身体的各个部位，而且还应该接受身体和认知方面的教育，了解身体是如何运动和发挥功能的。

身体意象这个要素中有两个重点：身体意识和身体成分。身体成分被定义为身体中脂肪、肌肉和骨骼的百分比，通常用瘦体重（去脂体重，LBM）与脂肪质量的比率来表示。瘦体重主要包括肌肉、骨骼、皮肤、内脏和身体水分。

脂肪质量主要由身体脂肪（皮下脂肪）以及围绕在器官周围的内部必需脂肪构成。身体成分通常用脂肪的百分比（体脂率或含脂率）或瘦体重的百分比来表示。

身体意识，或本体感觉，是一种不用专门看到就能识别身体部位所在位置的内在感觉。如上所述，它对于和孩子一起开始一项锻炼计划至关重要。如果孩子不知道自己的脚在哪里，或者不知道左手和右手的区别，那么教他们任何类型的锻炼、运动或活动都会非常困难。

因为常被视为与超重或肥胖的负面联系，身体成分测试（测量体重和体脂率）正慢慢被从学校系统中移除。但如果忽视身体成分，我们又如何教育孩子及家长认识到什么是健康的体重或体脂百分比？

身体成分还是应该用正确的方法进行测试，这不只是为了教育孩子，也是为了教育家长。

2. 身体姿势

是指身体所处的任何位置。

传统上，当人们试图展示姿势或者"良好"姿势时，会自动假定是坐在椅子上或是在站立时采取直立的姿势，肩膀向后靠，收缩腹部，然后高挺身体。虽然这些体位或姿势确实有助于改善肌肉骨骼排列及其内部功能，但这些体位并不能完全定义姿势这一概念。

孩子的身体一整天都在不停地运动当中，有时候有意，多数时候则是无意识的。不管这些动作姿势的目的是什么，都能起到帮助孩子改善健康的作用。

身体姿势各种各样。比如，站着伸手从柜子里拿东西是一种姿势，蹲下拿起一把椅子是一种姿势。在所有这些姿势中，我们的身体都展示了平衡及静态和动态转换的灵活性。

平衡是指对抗重力而采取并保持任何身体姿势的能力。保持平衡源于肌肉的相互作用，因为它们总是致力于使身体保持基线水平。身体活动中的"平衡"一词通常容易被联想为"单腿站立"。虽然它确实是身体平衡的一种形式，但真正的平衡要复杂得多。比如你家孩子的手臂大小一样吗？左腿能像右腿一样踢腿吗？即使你的孩子有特殊需要，身体的每个部分都应该且也可以有相对的大小和功能。通过挑战身体的平衡练习，也能够挑战孩子大脑的左右两半球，帮助其达到平衡。

传统上，灵活性是通过当身体某个部分被移动并保持在一定位置时，能够坐下来伸展双腿和关节来反映的。这无疑是重要的，并且仍然应该是孩子日常锻炼的一部分，但我们需要先在最简单的定义理解中增加动态的灵活性，即移动和伸展身体的灵活性。动态灵活性是一种重要的能力，是许多粗大运动技能的基础。

3. 运动协调

是指运用视觉、听觉等感官及身体各部位，顺利和准确地执行运动任务的能力。

你知道会跳的孩子和不会跳的孩子相比，一般来说前者阅读能力也会更好吗？这是因为跳和阅读一样，需要两个大脑半球协同工作。当我们使用身体右侧时，大脑的左半球非常活跃；而使用身体左侧时，大脑的右半球则非常活跃。不能跳起来说明两个半球没有按应有的方式和谐地工作。

当提到运动协调时，你可能会想象一些大的粗大运动动作，比如跳、跑和走，要认识到进行这些动作也需要运动协调和规划能力，如眼和脚、眼和手的协调。

本书提供了许多有助于提高粗大运动协调能力的活动，这些活动应该每天练习。精细运动协调对孩子也很重要，也可以归类为"运动协调"；但我把这部分内容留给作业治疗师。如果孩子确实需要，我也鼓励你在大型粗大运动中添加精细运动的活动。

运动协调是孩子发展的重要组成部分，每天都应该努力将其纳入孩子的训练计划中。

4. 肌肉适能

是指肌肉的力量和耐力。

肌肉力量是单个肌肉群的一次孤立运动中所能产生的最大力量，一般通过最大限度地举重一到两次进行测量。

肌肉耐力是指肌肉长时间持续高强度发力的能力。常见的肌肉耐力练习有仰卧起坐、深蹲、俯卧撑、引体向上或连续举重 10—15 次。

传统的身体素质五要素的认识中，肌肉力量和肌肉耐力两者在关于身体的教育中是分开的。这种分离造成了认识上的混乱。如女性通常认为使用哑铃会让她们拥有大块儿的肌肉，所以她们健身时避免使用哑铃。但事实并非如此，对她们来说更重要的是，重量锻炼有助于降低骨质疏松症（女性中常见）的风险。男性健身时更愿意多采用较重的重量练习，而这会增加他们受伤的风险，实际上较轻的重量也同样有效。当涉及与孩子一起锻炼时，父母和专业人士甚至更不知道该怎么做。

我遇到的关于肌肉适能的常见问题是："我的孩子应该举重吗？"应该。"那他们应该重复多少次？"视情况而定。"做更多的练习比做更少的练习好吗？"传统上是这样。"他们应该使用阻力带而不是哑铃吗？"两个都可以用。请大家不要只关注肌肉适能的锻炼部分，而应该试着从自闭症的角度关注哑铃和阻力带所能带来的好处。哑铃、阻力带、稳定球和身体重量练习活动可以满足孩子的感官需求。许多家庭和学校希望他们的孩子参加"适合年龄的"活动，没错——锻炼就要这样恰到好处。即使我们国家普遍缺乏运动，如果你现在去健身房，我保证你会发现各个年龄段的人都在锻炼。

肌肉适能是孩子日常生活的重要部分，应该用正确的形式和技巧来教授。肌肉适能有助于改善感觉统合和本体感觉。如果你（或其他教练）并不清楚在某项活动中应该使用的重量，那请一定选择最少的。如果对如何进行某项运动或如何使用某件器材感到困惑，那么在有明确答案之前请不要去做。

将传统的"肌肉力量"和"肌肉耐力"要素相结合，能够有助于提高你和孩子对肌肉适能重要性的理解。

5. 心血管适能

是指心脏、肺和血管系统将氧气输送给工作中的肌肉，以维持长时间体力劳动的能力。

心血管适能通常被视为一个健身计划最重要的构成要素之一。心脏是我

们活动的动力；它必须强壮有力。

对自闭症孩子来说，心血管活动可能是锻炼计划中最具挑战性的部分之一。一般提到有氧运动，你会想到什么——在跑步机上行走、跑步，或者骑健身自行车？这些都是很好的例子。

但实际上，仅仅是让自闭症孩子站立和行走就已经是一项成就了。如果孩子还没有准备好，不要急于强迫他们跑。如果孩子习惯于坐在电脑前或者玩电子游戏，刚开始可以适度步行，这也能够改善心血管适能水平。家长或教练所面临的挑战就是找到促使孩子多运动的激励因素。

如果家里有游泳池，请记住，游泳既能改善心血管系统，也有助于平衡孩子的感官系统。即使是少量的运动也对心血管有好处，随着时间的推移，可以将其慢慢转化为大量的运动。

* 腹部力量

是指稳定、调整和移动身体躯干的肌肉的平衡发展。

正如前面所提到的，腹部力量是自闭症孩子身体的一个重要薄弱领域。

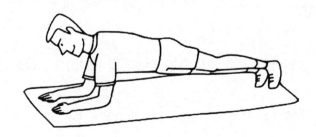

强健的腹部有助于改善姿势，提高粗大运动的协调性，甚至有助于消化过程和语言发展。

把肌肉力量练习看作一个单独的部分非常重要，请试着把相关运动嵌入到日常锻炼中。本书会提供大量能够锻炼孩子腰腹的运动，这些运动的效果远超大多数孩子十分讨厌且通常不能正确完成的可怕的仰卧起坐。

第三章

制定个别化方案

制定一个锻炼方案好像很难完成。事实上十多年来我确实常常听到别人提出这个问题:"你能给我写一份锻炼计划吗?"

我的目标就是让制定方案这件事对你而言不再复杂。我想让你和你的孩子或学生一起参加体育活动,我会详细教授我自己是如何做到的。本章中所讲授的技术就是针对个别化课程的。

多年来,我一直在向家长和非运动专业人士教授运动,这些人多数在参加我的研讨会、阅读我的著作和观看我的视频之后,都取得了巨大的成功。你和你的孩子或学生完全可以取得同样的成功!

健身真人秀

你是否看过电视上的减肥真人秀?你可能经常看到教练会给参与者一个要实现的目标,比如十个俯卧撑,当参与者达到目标后,教练经常说:"再做十个!"接着却又说:"再做十个!"

如果你对一个自闭症孩子这么做,你很可能会挨上一巴掌。这可能也是那些节目参与者非常想对教练做的事情!

我们都明白教练为什么要对参与者这样做(帮助他们减肥并充分发挥其

潜能），但对孩子来说，这种方法是行不通的。如果你给孩子树立一个目标，一旦他们实现，就应该有一个庆祝活动，一个让他们建立信心的时刻。他们不应该被打击，因为他们也许没法理解锻炼对于保持健康的必要性。

环境

为了让孩子能够达到你们一起设定的目标，必须准备好锻炼环境。准备工作可能最需要下面的一些或是全部器具：

- 计时器（秒表、可视化计时器、沙漏计时器）
- 白板
- 图片时间表
- 锻炼的视觉材料
- 感官玩具
- 先-后顺序板
- 水和毛巾
- 灯——可以调弱或开关
- 音乐

让孩子拥有尽可能多的支持物非常重要，因为在遇到挫折或过度刺激时，这些支持物有助于孩子成功地完成一项运动或日常锻炼。即使孩子在学校或日常生活中用不到它们，我也强烈建议在锻炼过程中使用支持物。

现在在中小学，日程表和图片提示等可视化视觉支持已被证明在减少转换时间、增加任务行为和完成居家自理活动（比如刷牙）等方面切实有效（布莱恩和加斯特，2000；德特默等，2000；麦克达夫、克兰茨和麦克兰纳汉，1993）。

锻炼会给自闭症孩子的身体带来一种新的感觉，如出汗、发热、心率加快、肌肉紧张等，所有这些都是他们在这样的环境中可能从未体验过的。这种情况下，更多的支持物通常会有更好的作用。

去杂货店

即便是逛杂货店，也需从制订计划开始，需要我们制订计划或者设定每日目标。就像工作开始前我们可能得列个一日任务清单一样，在去杂货店之前，我们通常也会把要买的东西列一张清单。

在制订自闭症孩子的锻炼计划时，不要考虑卡路里、时间和身体的不同部位，至少现在还别想那么多。你的目标只是让孩子能够先参与进来。让孩子动起来，哪怕只有五分钟，都是一项成就！这只是一个开始，后面需要不断地关注孩子的成功。

另外，我们在列购物清单时可能只会列出需要的所有东西，却没有特定的顺序。可是走进杂货店后，我敢肯定你不会先去水果区买苹果，然后跑到熟食区买熟食，然后再回到水果区买香蕉，对吧？通常我们会按顺序在商店的某区域买到你需要的东西，然后再开始逛下一区域。

锻炼计划也与此类似，但如果你刚刚开始和孩子一起锻炼，不用考虑太多固定菜单安排，比如周一需要做手臂锻炼，周二需要做胸部锻炼。菜单式程式化安排是健美运动员的锻炼方式，咱们的孩子可不是健美运动员。

这本书中的运动是基于自闭症孩子所需要的身体素质"五要素"，它需要持续不断地行动和重复。你和孩子可以每周做不止一次的运动，如果连续五天每天都做同样的运动，那也非常棒。因为孩子一直在持续运动，挑战思想。

运动组数和重复次数

运动组数和重复次数是典型的"健身房术语",用来描述一项运动或锻炼计划。这些术语通常用于传统的力量训练(哑铃),但也可以用于教授"五要素"中的任何一个。理解组数和重复次数可以帮助你设计一个有效的锻炼计划。

组数:做一项运动的次数,例如"比利要做两组俯卧撑"。

重复(重复次数):做每组运动的次数,例如"比利将每组俯卧撑做六次"。

三组,每组十次

人们通常认为三组、每组十次的锻炼是一种有效的锻炼。这意味着你要做某个运动十次,休息三十秒到一分钟,再做这个运动十次,休息然后重复做第三组的十次。

这并非锻炼的神奇公式。如果你从来没有做过某项运动,例如,臀部伸展,那么五次为一组的练习也是有益的!关键是要为自闭症孩子设定现实的期望和目标。根据孩子的能力,某项运动可能需要几周甚至几个月的时间才能逐渐达到每次三组、每组十次。而对于其他运动,可能就很容易做到。

通常当我和孩子一起锻炼时,我会每个运动先做一组。我不想让他们感到无聊,尤其是在锻炼计划的开始阶段,我想更多保持孩子们的注意力。

每次先做一组,以便可以确定他们喜欢和/或擅长什么运动。然后在下次一起锻炼的时候,可以做更多的组数/重复次数,或者找到与他们的强项和喜好相匹配的运动/活动。

少即是多

通常,很多人相信做得越多越好。这是不正确的。人们有时会在锻炼时把身体逼到极限。这不仅开始削弱身体,也开始削弱心灵。如果缺乏正确适当的运动形式,可以想见的是其肌肉锻炼也将被削弱。这种方法通常会导致受伤。

此外,"没有付出就没有收获"的心态并非一定适用,还可能会阻止你和/或你的孩子锻炼。请记住,自闭症孩子感官系统阈限高,他们可能永远没法真正理解运动给自己身体带来的感觉。使用"少即是多"的理念将会减小受伤的风险,并帮身体做好运动的准备。

你可以在每次锻炼或每周锻炼时改变孩子的运动组数和重复次数。这种变化不仅有利于提高肌肉和心血管健康水平,还有助于提高他们的社交技能和适应变化的能力。

第四章

创建个性化视觉锻炼时间表

正如我之前所提到的,视觉运动支持在孩子的锻炼计划中至关重要。如果你的孩子对口头命令反应不佳,或者被这样的命令或环境中不熟悉的声音过度刺激,视觉支持可以提供一种敏感的方法,让他们仍然能够理解要被执行的活动/运动。

视觉支持可以在各个年龄段的个体中实施,从学龄前开始,一直延伸到中学。幼儿所处环境中有效的视觉支持包括增加任务投入的视觉时间表、鼓励社会互动的视觉脚本,以及支持游戏技能发展的图片提示(克兰茨和麦克兰纳汉,1998;梅西和惠勒,2000;莫里森等,2002)。

接下来我将通过三个例子,说明如何在一项个性化训练课程中使用可视化方法建立一个结构化安排。我将从先-后顺序板开始,然后是锻炼的红/绿时间表,最后是使用白板或干擦板的更高水平的时间表。我经常和我的运动能手一起使用干擦板模型。如果你一直给自闭症群体授课,那么先-后顺序板和红/绿时间表可能是你最为熟悉的。

使用先-后顺序板

先-后顺序板是一种可视化展示,表明如果能够完成一项不是太喜欢的任务，接下来会发生什么。例如：

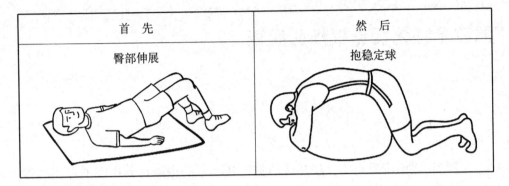

先-后顺序板在帮助孩子遵照指示和学习新任务（比如运动方面）很有用。

先-后顺序板可以示范你想让孩子如何参与锻炼，这能够为完成多步骤的指导和活动以及使用更复杂的系统（如锻炼时间表）奠定基础。

如何使用先-后顺序板？

想好你想让孩子首先完成什么运动（放在"首先"框中），然后是孩子可以在完成"首先"运动后立即进行或操作的首选项目或活动（放在"然后"框中）。这个首选项目应该足够激励孩子进行锻炼并遵循你的指示。

在设置先-后顺序板时，使用真实自然的、有吸引力的口头指导非常重要。如果你在介绍新的任务、结构和流程时很投入很兴奋，那么孩子就更可能会去模仿你。请尽量说短句子，"首先臀部伸展，然后躺在稳定球上"就是一个很好的例子，但要注意你的语气。然后你可以接着说："臀部伸展结束，现在躺在稳定球上！"

使用开始/结束锻炼时间表

锻炼时间表是对在课堂上、任务中或活动中将要发生的事情进行的可视化呈现。

锻炼时间表

（增强自闭症群体的专注力、幸福感和家庭意识）

开始	结束

锻炼时间表有助于分解有多个步骤的任务，以确保这些步骤的教授和遵守。锻炼时间表也有助于减少围绕过渡产生的焦虑和刻板行为，它能够提示告知孩子在整个课程、课堂或一天中何时会进行哪些活动。

锻炼时间表采用待办事项和完成事项提示模式，通常分别用绿色和红色标示，普遍用于特殊需要群体。这个红色和绿色的模型能够帮助孩子们理解需要完成的锻炼目标。

在孩子通过使用先-后顺序板理解了活动顺序的概念后，你可以在某一课堂或课程中为一系列的运动制定一个更复杂的时间表。

如何使用锻炼时间表？

你可以从选择你所认为的孩子能够按照特定顺序完成的运动开始。如果可能的话，可以试着把孩子能做的运动和并非最喜欢的运动混合起来。你也可以在过渡期间（两项运动之间的时间）选择孩子更喜欢的非运动或感官活动。例如，使用拥抱机①或是画一幅画。这样可以让孩子们玩得更开心，并顺利完成他们的时间表。

在孩子左边可以放置一块小的可视化提醒板，告诉孩子这些是需要完成的运动。运动开始之前，要和孩子一起回顾复习一下时间表。一定要确保孩子在整个过程中都能看到锻炼时间表。

理想情况下，你肯定希望孩子能够自己随身携带运动时间表，但实际情况是你或者孩子的助手可能得带着它。你还可以把时间表贴在墙上，每次活动结束后孩子都可以走过去看一看并做一些必要的调整。并且，想想看，那些为了走到时间表前而增加的步数对孩子来说恰恰是额外的锻炼。

当时间表上的运动时间到了时，可以给孩子一个简短的口头指示，比如，"检查你的时间表"。

---

① 挤压器具疗法，可以手动控制自己需要的触觉压力大小。——译者注

当孩子完成运动之后,你可以再次说,"检查你的时间表",但现在要让孩子将已经完成的运动移到时间表的右边框格里。

对能够全程遵守时间表、完成新练习以及顺利进行过渡的孩子,要给予真诚表扬和积极强化。亲自看到自闭症孩子们的思想和身体可以做到这些,真是太令人开心了。

使用倒计时板

可视化倒计时板是一种支持物,父母或专业人士可以用它来向孩子发出活动/过渡开始或结束的信号。可视化倒计时板包含按照降序排列的数字,这些数字在完成运动的预定重复次数后会被单独移开。

TEN	NINE	EIGHT	SEVEN	SIX
10	9	8	7	6
FIVE	FOUR	THREE	TWO	ONE
5	4	3	2	1

为什么要使用倒计时板?

自闭症儿童在锻炼期间可能难以理解目标与期望。使用可视化倒计时板可以通过在锻炼期间直观地显示数字来帮助孩子理解要求完成的运动重复次数。例如,你要求孩子做8次臀部伸展,但是口头指令对他们来说可能很难理解，倒计时板则能够表达你的要求。

可视化倒计时板与计时器的不同之处在于，时间段虽不精确，但可以根据情况被控制处理。如果没有倒计时板，可以以同样的方式使用白板。

如何使用倒计时板？

倒计时板可以用来提示一项活动的结束（首选的或非首选的），也可以用来提示一项运动或活动的组数和重复次数。它也可以与先-后顺序板和开始/结束锻炼时间表一起使用，例如，"首先做8次臀部伸展，然后在稳定球上躺10秒钟"。

使用干擦板

现在我将解释如何建立一个更先进的视觉支持系统，以帮助孩子理解他们必须努力完成的组数和重复次数。

请记住，你可能并不需要优先对孩子使用这个策略。如果先-后顺序板和开始/结束锻炼时间表有效，那就可以继续使用它们。我对我的许多不同年龄和能力的运动能手使用了以下策略。如果你在寻找新方法新策略，不妨尝试一下干擦板！

下图中，大方框代表的是干擦板。标记为第1组、第2组等的小方框用可干擦马克笔画出来。这些小方框代表你要求孩子在锻炼过程中完成的组数。为了让小方框或运动组数固定更久，可以用胶带代替记号笔。现在请尝试用一张纸做个样板。

第二部分 教育

（第1组）	（第2组）
（第3组）	（第4组）

尝试之后可以看到这很简单，对吧？

在每次锻炼之前，我都会展示可视化支持材料，或者把它放在我们进行锻炼的那个地方的地面上。正如你将在下张图中看到的，我还标出了待执行的重复次数。如果孩子有语言，我会鼓励他们在开始锻炼前说出数字。即使孩子语言能力有限，我也会做同样的事情，同时也要求他们在我们一起做这个活动的时候和我一起数。请记得要做示范运动，并且/或者和你的孩子一起做。

接下来，我给大家举个例子。这个锻炼叫作下犬式，我和我的一个挑战成功者瑞秋一起练习过。下图表示四组渐进法中需要完成的三组。

下犬式
3 × 8秒

8	8
8	

33

每组结束后，你或你的孩子可以擦掉相应的数字，这样孩子就知道这一组已经完成。一旦所有的数字都消失了，孩子就知道所有的运动已完成，锻炼结束了！

现在我们已经学会了单项运动要求的可视化操作，接下来我们学习如何设计更进一步的日常锻炼计划。我将以本的日常锻炼计划为例来进行说明。

深 蹲	站姿弹力带划船	跨 栏
2×8	2×12	2×4

在下图中，我用不同的字体来表示不同的运动。通常，如果用的是白板，我就用不同颜色的马克笔来区分每项运动。

我们仍然使用四组渐进法或四个方框，只需在底部框中不写任何内容即可。你要让孩子做的就是每项运动完成两组。你可能会产生疑问："为什么不把白板分成两块而是四块呢？"

这是因为我想让孩子习惯看四组渐进法，并在适当的时候慢慢地在日常锻炼中加入额外的组数。从一开始就固定不变，孩子就不会那么困惑了。

　　这种方法也许并不适用于所有的孩子。我本人并没有对所有的孩子都实际应用这一方法，但我确实对所有的孩子都试过这个方法。对于一些有阿斯伯格综合征的锻炼者，我专门把锻炼日常写在纸上（仍然包括组数/重复次数）。如果在每一组锻炼完成之后看到并核对一下，他们就会感到更放松，也乐意执行它。

　　如果你的孩子习惯在职业治疗设置中或在日常锻炼中使用某一个可视化视觉支持系统，请不要随意改变它。请在孩子喜欢的、习惯的环境系统中使用这些或任何其他的运动视觉支持材料。

　　改变日常锻炼的结构可能会使孩子或成年人变得困惑、沮丧、不愿意参与锻炼，这并非我们的期待。我们希望每个人都能把运动作为缓解压力的一种方式，而不是去制造更多的压力。

第三部分

赋能

第五章

运动能手的故事

本章所列举的故事和日常锻炼事例都是基于我和亚当、安东尼、本、德里克、RJ、瑞秋、比尔和罗恩一起实践过的锻炼规程。每次和他们一起锻炼，他们每个人都会不断地教我一些新东西，并且让我面对挑战逐渐成长为一个更好的教练。我分享了他们的背景，以便你可以看到他们的能力是如何帮助他们与运动相连接的。

与孩子一起建立这样的锻炼日常规程花费了将近12个月的时间，我和其中好多人的关系也一直持续多年。即便到今天，对每个运动能手来说，在每次锻炼中都保持积极性仍可能是一个挑战。永远不要放弃孩子们。他们比你所以为的更需要你！

亚当

我刚开始和亚当一起锻炼时，他才8岁。亚当喜欢芝加哥队，喜欢听嘻哈音乐，喜欢和爸爸一起锻炼。虽然亚当的词汇量和语言有限，但他懂得音乐，他会在我们锻炼的时候唱歌。每次我们一起锻炼，这一点都会让我微笑。亚当被诊断出患有自闭症。

第一次见到亚当时，我也见到了他的大部分家人，包括他的妈妈、爸爸、姐姐、奶奶和爷爷。他们有很多关于自闭症和如何帮助亚当的问题，因为，像许多同类家庭一样，他们正在拼命寻找答案，他们希望看到亚当能够发挥他的全部潜力。我向他们介绍了另外的资源，并且他们都认可锻炼是亚当生活中所需要的东西。

此后不久，我们开始每周一起锻炼一次（每周六早上）。在这一周里，爸爸会和亚当一起做我建议的许多运动，以及他可以教亚当的一些活动。爸爸在高中时是个运动员，曾参加过很多运动项目。在可视化锻炼系统和爸爸决心的帮助下，亚当在举重器械上锻炼、学习棒球、做靠墙蹲，还练习骑自行车。

对于一个自闭症孩子来说，骑自行车的运动规划是非常具有挑战性的，但它实际上可以实现。亚当在一辆带辅助轮的蜘蛛侠自行车上练习，为了在运动规划方面获得更多帮助，他还在一辆固定式自行车上练习踩踏板。这个任务对亚当来说仍然具有挑战性，但他爸爸从未放弃。

我曾经有一个月没见过亚当，他的家庭遇到经济危机，所以我们不得不停掉一些课程。然而，亚当的爸爸仍然坚持和他一起锻炼，并坚持使用可视化锻炼系统。他不仅在工作日和他一起锻炼，还在周六早上带亚当去他爷爷的地下室，我们通常会在那里一起锻炼。

一个特别的星期六早晨，在亚当和我去地下室锻炼之前，他爸爸很平静地对我说："亚当现在可以骑自行车了。过去两周我一直在和他一起努力练习。"我听了既好奇又急切，非常想看到亚当骑自行车。因为在我们这次暂时停课之前，亚当需要使劲儿鼓励才能在固定自行车上蹬完一圈。

我让亚当给我看一下亚当和他爸爸取得的锻炼成果。我们一起下楼去地下室，亚当爸爸帮亚当骑上了固定自行车。他把亚当的脚放在带子里，简单地说声"走！"，亚当就接着连续蹬了三圈自行车！我非常惊讶，亚当爸爸和我击掌庆祝，我说："简直难以置信，太棒了！"

亚当爸爸的回答是我以前从未听他提过的，他对我说："可是，'他们'说他永远学不会骑自行车。"

亚当现在离会骑自行车已经又近了一步，他已经证明了"他们"，那些专家们，是错的。有时候医生甚至是最专业的人都没给你希望。所以，爸爸们、妈妈们、治疗师们、专业人士们，我希望亚当的故事能给你们希望。

安东尼

安东尼 13 岁的时候我开始和他一起锻炼，现在他 16 岁了。安东尼喜欢中国菜——确切地说，是白米饭、芝麻鸡和锅贴。他也喜欢漫画书。安东尼被诊断为非典型自闭症①，他会说话。

刚开始锻炼的时候，我会拿一本漫画书作为对他的激励。锻炼期间，他自己会提醒我说："你知道我是在为漫画书而锻炼。""是啊，我知道，你锻炼时表现得非常好，身体也越来越强壮了。"我经常这样回答。我也会提醒他，锻炼有助于提高他的绘画能力，让他更有创造力。我这么做不仅是因为事实确实如此，也是因为他跟我说过他长大后想成为一名漫画家。

我知道安东尼，或者说很多孩子，可能并不能理解消化我说的所有东西，但我想让他知道锻炼对于健康的生活方式来说有多么重要。我毫不怀疑安东尼可以成为一个漫画艺术家或实现他为自己设定的任何目标！

过去三年里，安东尼在身体和情感上都成熟了。他曾经和我齐肩高，但现在几乎比我还要高。他的力量在"五要素"的各个层面都有所提高，而且他的自信就像身高一样，已经冲破限制达到高峰。

---

① 《精神障碍诊断与统计手册》第五版（DSM-5）已删除该类自闭症划分。——译者注

漫画书中的人物仍然在我们每周的锻炼中扮演着重要的角色，但我不需要再在漫画上花钱了，即使我愿意。

不久前我们一起锻炼，他在做哑铃卧推。他的姿势不太符合要求，于是我就说："给我看看你的超人胸。"他先是笑了笑，然后把肩膀向后一仰，微微挺起胸膛。我不需要多说什么，也不需要用任何方式提醒他，动漫超人已替我做了这些工作。

就在最近，安东尼的爸爸到地下室来看他的锻炼进展，看到这些进步非常激动。他继续用一句简短的话来激励安东尼，他说："我为你感到骄傲。"

回想三年前，安东尼刚开始锻炼时，他爸爸、妈妈和我持续鼓励他独立锻炼或者和爸爸一起锻炼，但他都不愿意。可就在那天，听完爸爸的话，他对爸爸说："我们可以一起锻炼。"

安东尼的日常锻炼方案

日常锻炼 1				
手臂伸展（哑铃）	臀部伸展	躯干旋转	平板支撑	直腿式仰卧起坐
2×12 每侧（2 磅哑铃）	2×15	2×8 每侧	2×25 秒	2×6
安东尼可以在不到 10 分钟的时间内完成这个任务！				

日常锻炼 2		
助力引体向上	手肘行进	波比跳
3×6	3×40	3×10
安东尼可以在 8 分钟内完成这个任务！		

本

我刚开始和本一起锻炼时，他 20 岁；现在他 23 岁了。本一直热衷于体育活动。本身材魁梧，在运动锻炼中取得了巨大的成功，因为他从很小的时候就开始参加体育活动。每次锻炼时，我和本都会听一些他最喜欢的音乐，有儿童乐队（Kidz Bop 和 The Wiggles），还有一些好听的老歌。本被诊断为自闭症，他不会说话。我开始和本一起锻炼是因为他的父母想改变他的锻炼常规。他能完成的日常锻炼绝对是惊人的，这要归功于其父母，让本那么小就参与到锻炼中来。

我一直给本使用可视化锻炼系统，他严格遵守。在锻炼中，他经常查看他的锻炼时间表和白板，这样他就知道预期计划是什么，以及什么时候能够完成。

和许多自闭症孩子一样，本对声音的敏感度很高。有时候，当我和他说话时，我会低声耳语，当他从锻炼中分心时，我就简单地指向视觉支持板，他就会继续完成任务。我什么都不用说。

刚开始和本一起锻炼时，哑铃并没有作为日常锻炼方案的一部分。考虑到长时间跑步对本来说是一个挑战，而且跑步运动并不适宜在地下室里进行，我很想找到其他方法来帮助他燃烧卡路里。对有些孩子来说，哑铃可能能够起到这样的作用。

我在地上试了哑铃卧推，但本发现适当的运动规划对他来说是一个挑战，单手握住 5 磅重物也是个挑战。他曾在当地的公益组织活动中和爸爸一起用举重器械练习，但是哑铃锻炼还需要协调性、平衡性和力量。

现在，三年过去了，本可以背靠在稳定球上做哑铃卧推，臀部完全伸展，单手握 25 磅的重量！我在日常锻炼方案中嵌入了其他运动，这些运动促使他在地面上下移动，所以他不仅能够出汗，而且卡路里燃烧类似于跑步机所能达到的效果。

这里呈现本锻炼方案的一个例子，以及完成这些运动所花费的时间。这些都是高层次的日常锻炼，每项运动都要做很多组。本可以说是一个真正的运动能手。

本的日常锻炼方案

日常锻炼 1			
跨栏	弹力带划船（双臂）	深蹲	哑铃卧推（在地面上）
4×3 栏	4×15	4×8	4×15（每个 25 磅）
本可以在 15 分钟内完成这个任务！			

日常锻炼 2			
超人（全套姿势）	哑铃划船（膝盖）	下犬式	卷腹
3×12 每侧	3×12 每侧（每个 15 磅）	3×25 秒（保持）	3×30
本可以在 12 分钟内完成这个任务！			

德里克

我从德里克 26 岁起开始和他一起锻炼。他有点像喜剧演员，希望大家都会被自己讲的笑话逗笑。德里克喜欢天文学，喜欢芝加哥公牛队，还喜欢每晚睡前阅读。他也喜欢糖果和苏打水，但多年来，在父母和许多支持他的工作人员的帮助下，他选择了更健康的食物。德里克被诊断为阿斯伯格综合征，同时患有躁郁症。

和德里克一起锻炼的主要目标是帮助他减肥和增加肌肉张力。在我遇到他的前几年，他体重接近 300 磅，这主要是由于服用药物引起的。德里克的妈妈非常努力地帮助他确定必需的药物，并改善饮食。这相当不容易，但她还是通过努力把德里克的体重减到了 235 磅。所以妈妈真的太棒了！

德里克还需减轻体重，所以我们开始去当地的公益组织，一起散步、跑步，以及尝试不同的器械。德里克非常害怕机器，因为他害怕自己会从机器上掉下来或受伤。这完全可以理解，因为有些健身器械看起来就像巨大建筑一样。

经过 12 个月我们一起进行的每周例行锻炼，以及他妈妈增加的每周居家锻炼，德里克又减掉了 15 磅。他的全身总共瘦了 9 英寸（胸部、腰部、臀部、手臂和大腿），现在重 220 磅。

虽然有些人可能对此结果已经非常满意，但德里克继续征服了更多挑战。我最喜欢的关于德里克的故事是，当我们在公益组织锻炼的时候，他在双杆练习器上完成了他的最后一组锻炼。他花了好几个月的时间才克服了坐上这台机器的恐惧，因为他觉得自己会掉下来。在这特殊的一天，在最后一组之后，他明白自己是安全的，并不会受伤。然后他转向我说："我能在深水区游泳。"之前我们也为此努力了好几个月，德里克一直都害怕深水区。于是我们毫不犹豫地去了游泳池，几次热身后，他就游进了深水区！

德里克现在 30 岁了，体重降到了 190 磅。由于渴望独立，他决定在六个月的时间里暂停锻炼，但他已逐渐明白锻炼对他的身体和认知健康有多么重要。

德里克目前的兴趣是看里克·史蒂夫斯和《勇闯天涯》的电视节目，他还把他想去的地方列了个单子。他现在在多明尼克大学图书馆做志愿者，同时还有两份兼职工作，其中一份是在《锻炼连接》，我可以自豪地说，他是运动能手中第一个找到工作的。

德里克的日常锻炼方案

日常锻炼 1			
下拉机（背部）	双杆练习器（肩膀/胸部）	深蹲（腿）	哑铃弯举（二头肌）
3×12（60 磅）	3×8（—110 磅）	3×15（体重）	3×12（每个 15 磅）

这套动作是在当地公益组织的举重室完成的。德里克的过渡（每项运动之间的时间）很快。他做完下拉机，就走到双杆练习器前，完成动作后再进行深蹲，之后走到哑铃架前做弯举。他不停歇地这样做，唯一的"休息"时间是两项运动之间的间歇。

日常锻炼 2			
时　间	速度（英里每小时）	坡　度	总距离（英里）
2:00 分	3.0（走）	1.0	0.10
4:30 分	3.5（走）	2.0	0.24
6:00 分	4.2（跑）	1.0	0.35
7:30 分	3.5（走）	1.0	0.44
9:00 分	4.4（跑）	1.5	0.54
10:30 分	3.5（走）	1.0	0.63
12:00 分	4.5（跑）	1.5	0.74
3 分钟减速			
总时间＝15:00 分　总距离＝0.88 英里　燃烧的总卡路里＝130			

跑步机是德里克最早想尝试的机器之一，所以成为他日常锻炼的一部分。当他第一次踏上跑步机时，他以每小时 2.0 英里左右的速度行走，因为他很害怕。表格所示是他花了将近一年时间才达到的水平。请不要过度追求"时长""速度"或"坡度"。要确保孩子在跑步机上锻炼时是安全、舒适和快乐的。

RJ

　　RJ 今年 11 岁，从他 8 岁起，我就开始和他一起锻炼。RJ 酷爱阅读，喜欢听别人讲他们曾遇到过的雷暴天气，还想在将来成为一名作家。他被诊断出患有非典型自闭症，就其年龄而言，他非常聪明。过去想让他锻炼是非常困难的挑战，现在有时也仍然是这样，但他一旦开始运动，就会非常努力。

　　我的目标一直都是让他在整堂课 60 分钟的时间里尽可能地运动。我发现可以利用他对阅读的热情来激励他进行锻炼。那就是我读书他锻炼！他非常喜欢这种方式，我也因此变成了一个很会讲故事的人。RJ 自己也会在有些训练中同步阅读。例如，RJ 做下犬式时，我会把书放到他身下的地板上，他会读上几页。他在跨栏上方或下方移动时，我会把书举在他面前让他阅读。可以看到 RJ 为了他热爱的东西那么努力！

　　从我们健身第一天开始，RJ 已经取得了很大的进步。正如我在前面几章提到的，与孩子们建立信任关系是至关重要的。和 RJ 一起锻炼的第一天，我建议我们绕着他家街区走一圈，正好是三分之一英里。我想让他动起来，但主要还是想借机多了解他一点。

　　RJ 并不想这么做，但我告诉他："我们只去十分钟，然后马上回来。"这让他觉得可以接受。然后他告诉我"稍等"，之后跑回他的房间。

　　RJ 妈妈和我都很高兴，因为他已经答应了。我们以为他回房间是去拿鞋子。结果他拿着一盒创可贴回来了。

　　我们问："这是干什么用的？"他回答说："防止我摔倒。"听起来这确实也有道理。

　　最后我们商定带上 10 个创可贴。结果散步过程中他并没有摔倒。

短短几年里，RJ 的能力提升了。在他看来曾经很长的、有潜在危险的街区，现在变成了他自信地行走/奔跑的安全街区。而且，不需再带创可贴。

最近，我想让他对锻炼目标有更好的理解。他同意了，我给他定了个目标，让他试着用 5 分到 5 分 59 秒的时间绕着街区走/跑。我想让他在 6 分钟内完成。

RJ 一直非常努力，但我想让他更加努力。他有这个能力，虽然他平均用时是 7 分 30 秒，但我知道他有能力在规定时间内完成。当然，这确实得用一些激励措施，即可奖励他一个电子游戏的工具。

我向他解释，这是一个目标，如果他第一次尝试没有达到，那也没关系，我们可以继续努力。但在大概 6 分 20 秒之后，我了解到他并没有想着要实现那个运动目标，他只是瞄准了奖品。当他意识到自己没有达到五分多钟的成绩时，他非常沮丧，几乎要哭了。可我觉得我比他还要难过。我心想："我是不是教错了他实现目标的方法？"

几分钟后，在我的多次劝导下，RJ 平静了下来。我说："我们现在进去做些运动，如果你愿意的话可以晚点再试。"

在课程还剩下十分钟的时候，我说："你还想再试着实现你的目标吗？"他同意了，但我很担心，如果没有做到他可能会有什么反应。

我们来到外面，我像往常一样开始计时，然后我们出发了！我们从跑步开始。如果是在走路，我告诉他实时时间，以及我们还剩多远。"RJ，我们已经走了一半了，大概三分钟了。如果你想实现你的目标，我们需要稍微走快一点。"这个时候，我知道他可以实现目标，但他真的必须要推自己一把。

我们最后一次转弯时，我告诉他最新的时间，他的移动速度是我见过最快的。当他距离"终点线"不到 50 英尺时，他说："我能做到。"

我们气喘吁吁地走回到起点停了下来，我把时间念给他听："5 分

45秒。"

此时此刻，RJ脸上的微笑和满满的成就感是难以言表的。

现在，这些个性化锻炼课程已经让RJ做到了能从学校步行回家、参加团体尊巴舞课程、增加对体育课的参与，并有信心在水下游泳和跳进泳池。RJ也成为了运动能手、挑战冠军！

RJ的日常锻炼方案

日常锻炼1			
臀部伸展/下犬式	臀部伸展/下犬式	臀部伸展/下犬式	臀部伸展/下犬式
4×8/×10（秒）	4×15/×6（秒）	4×6/×15（秒）	4×12/×20（秒）
在这里他只做两项运动，但每项做四组。我变换每组的重复次数，让他觉得更轻松。他可以在六分钟内完成。			

日常锻炼2			
哑铃推举/蹬腿	哑铃推举/蹬腿	哑铃推举/蹬腿	哑铃推举/蹬腿
6×6/×20（磅）	6×12/×16（磅）	6×8/×10（磅）	6×15/×18（磅）

瑞秋

瑞秋今年17岁，喜欢动漫，喜欢她的小狗弗勒，喜欢阅读和听音乐。她将来想成为一名作家，我相信她能自己画插图，因为她也是一名了不起的艺术家。她被诊断出患有阿斯伯格综合征，在我开始和她一起锻炼之前，她放学后在房间里一边听音乐一边跳舞，以此保持活力。她从来没有参与过结构化的锻炼计划，要让锻炼成为她日常生活的一部分确实是个挑战。

小狗弗勒在让瑞秋参与锻炼方面起了很大的作用。弗勒经常和我们一起"锻炼"，弗勒最喜欢的运动就是"弗勒"（下犬式）。但它很容易分心，它会把哑铃当成是骨头！

瑞秋向锻炼的过渡是艰难的。有很多天她都不想去锻炼，即使锻炼，她也只穿校服（polo衫和卡其裤）和休闲鞋。她会给妈妈打电话，有时还会哭，试图搞清楚她自己的一天。

我从不强迫瑞秋锻炼，而是给她时间让她讲述感受，逐渐地把运动融入每个课程中。瑞秋的压力通常是由她试图与学校同学建立联系引起的。学校对于任何一个青少年来说确实都非常艰难，但对于一个患有自闭症的青少年来说，这些问题甚至都不能跟我或其他任何人在高中时所面临的"常规"挑战相提并论。

我会倾听瑞秋的讲述，分享我的想法，并尽我所能帮助她理解高中生活。我还会告诉她运动是如何被证明可以减轻压力的。

我让她在圆木上锻炼。这让她能够继续谈论日常的压力与挣扎，同时改善姿势、减少颈部紧张（颈部往往承受了我们的压力）。

从那以后，我们开始做哑铃练习和大型运动练习，比如臀部伸展。这些运动对她来说并不难，但我希望她的整个身体都投入其中，在她继续讲述她的日常生活时，我会让她专注于正在锻炼的各个肌肉群。

锻炼之后，瑞秋给妈妈打电话的内容开始变了。她正体验着因为锻炼而重新发现的希望和乐观。

而我不在的那些压力大的日子里，瑞秋可以按照她的可视化锻炼时间表独立进行锻炼。她的压力通过锻炼减轻了，曾经沮丧的泪滴现在变成了自尊和自信的笑容。

锻炼三年之后,瑞秋现在选择穿上时尚的运动服。她也是一个挑战冠军的运动能手!

瑞秋的日常锻炼方案

跑步机	哑铃卧推	下犬式	跨栏
4×4(分钟)	4×15(每只手10磅)	4×30(秒)	4×4(次)

瑞秋花了将近一年的时间才能够完成这些。为了在跑步机上坚持一段时间,她必须提高心血管耐力;为了适应哑铃的重量和下犬式的持续时间,她必须改善肌肉健康。
请尝试从每项运动做一组开始,并分别改变持续时间、重量和重复次数。

比尔

比尔今年27岁,是小熊队的铁杆球迷。他有两份兼职工作,喜欢电子游戏,春夏两季担任他所在的垒球队的接球手。比尔被诊断为阿斯伯格综合征,同时患有癫痫。

比尔25岁的时候,我开始和他一起锻炼,帮助他提高接垒球时的手眼协调能力。我发现不管有没有手套,他都很难接住球。我简直不敢相信。考虑到治疗师、学校课程和他之前参加的运动,为什么那些教练和其他专业人士会接受他并不能接住球的事实?

虽然我从没有和这个年纪有这种运动弱点的人一起尝试过,但我决心让他体验一下接球的力量。棒球是他所热爱的运动,他应该能够做到他的偶像所能做的。

刚开始的时候,比尔在锻炼期间非常安静。我相信这种安静显示了他对想要完成的一切计划的决心。他非常专注、渴望学习、尝试新的日常锻炼、从不在挑战面前退缩。

比尔自己确实告诉过我，"我想要能够接球接得更好，在垒球方面做得更好"。所以体验接球也是比尔的目标。尽管我很想让他接住球，但我也不会把我的目标强加给他。任何家长或专业人士都不应该这么做。

通常情况下，当比尔试图接球时，球会击中他的手，不久之后（瞬间）我看到他试图抓住球。我们从一个棒球大小、柔软、易于感知的球开始，把它放在彼此的手掌里。当比尔拿着球的时候，我让他尽可能用力地挤压它，希望发展他的握力，让他的手习惯于运动规划。我们对左右两只手都进行这样的练习。

随着比尔不断进步，他能够在球被放在手中的那一刻抓住它。接着我开始后退，把球朝下扔给他，以巩固他刚刚学到的内容。

我们努力练习了几个月，我逐渐开始让这一锻炼更具挑战性。我让比尔闭着眼睛，我把球放在他的掌心。他的反应时间有所延迟，但情况有所改善。然后我会让他把手放在不同位置，仍然闭着眼睛，模拟在比赛中试图接球时可能会遇到的情况。我们在这方面不断努力，同时增加了比尔可以在课程中完成的其他运动。

请想象一下，你能否花一个小时的时间坚持去做一件你无法完成的事情？这怎能有足够的动力？所以请一定确保在孩子的锻炼方案中加入能够增强信心的其他运动。

现在，三年过去了，结合许多"五要素"锻炼，比尔不仅能同时接住两个球，与此同时，他还能在一个稳定球上保持平衡！这并非奇迹，而是取决于教练，一个更看重他的能力而不是其障碍的教练。

比尔的日常锻炼方案

哑铃过顶推举	站姿弹力带划船	敏捷梯训练	哑铃卧推
3×12 （每个哑铃 8 磅）	3×15	6 种模式	3×20 （每个哑铃 10 磅）

这个锻炼方案是比尔自己设计的！在我们训练了六个月、发展了六个月的关系后，我开始要求他挑选我们做过的运动，不再使用可视化支持材料。我要求他挑选四个，并逐一执行。他有信心能够做到！我选择了运动组数和重复次数。完成后我确定他知道："你刚刚自己设计了一套锻炼方案！"

罗恩

罗恩在跟我一起锻炼过的人当中是年龄最小的一个。我在他 3 岁半的时候开始和他一起锻炼，现在他 6 岁了。他的祖母（做了一辈子的舞蹈家）告诉罗恩的母亲，说罗恩的生活需要体育锻炼。我就是这样接触到罗恩的，罗恩也由此开始了他的锻炼之旅。

罗恩，被诊断为自闭症，具有典型的自闭症特征，语言能力非常有限，但在他父母、生物医学疗法、其他许多疗法和持续不断的决心的帮助下，罗恩的语言、行为和肠道运动都有所改善。

一开始，和罗恩一起锻炼非常困难。罗恩的内心经历了很多挣扎，我是他生命中的新成员，"锻炼"这个词对他而言也是。可视化视觉支持对于让他集中注意力起着至关重要的作用。在有些持续 60 分钟的课程中，通过视觉材料我能够吸引他的注意力 20 分钟，而在其他的课程中则只有 10 分钟。

罗恩父母对此很担心，认为他应该连续保持专注 60 分钟。我安慰并提醒他们，罗恩年龄还小，不管有没有自闭症，保持60分钟的专注对任何孩子来说都是一项挑战。

但谁能想到，在发展我们的关系、使用视觉支持和建立锻炼结构的一年后，罗恩有许多课程能够持续专注60分钟！我不能，也永远不会独揽这份功劳。这是一个团队努力的结果，从他父母的决心开始，还包括许多在言语治疗、作业治疗、物理治疗和其他发展性治疗中和他一起努力的专业人士。

像我教过的大多数运动能手一样，罗恩一开始在他家地下室锻炼。这让他感觉很舒服。他身边有很多玩具和书，这些东西原本会分散他的注意力，我却恰恰利用它们来帮助他锻炼。

最近，罗恩向我提出了新的挑战。一个以往只在沙发和墙壁之间蹦蹦跳跳、沟通能力十分有限的男孩，现在可以直视我的眼睛，告诉我说："我不想锻炼。"坦白说，三年前，我并不确定他会在后续发展中达到什么程度，但他，像许多挑战能手一样，提醒我要保持最好的状态，并创造新的方式吸引他参与锻炼。

不需再用罗恩父母读给他听的动物书籍来吸引他，现在我必须使用一个《星球大战》中的风暴战士面具。是啊，没错，我戴了一个很明显不适合我脑袋的风暴战士面具。但是，配合低沉的声音，我就能够命令罗恩进行锻炼来增强力量。而且，一旦他完成了相应的数量（写在白板上的），他是如此强壮有信心，仿佛能够击败大卫教练！

请永远不要低估孩子心智和身体的知识和力量。阅读本书，你也许会被赋予新的能量。

第四部分

锻炼

第六章

身体意象

1 身体部位认知

目标： 促进儿童对身体部位和基本神经-运动系统协调运作的认知。

— 身体部分的认知训练既可以在大型团队中进行，也可以针对单独的个人。需要注意的是，为了能得到真实的能力评估，在小组内进行该项活动时最好不要让参与的儿童彼此面对面，以避免他们模仿周围人的动作。

 当孩子们有所进步时，可以开始教他们认识某个特定的肌肉或肌肉群。比如，"请指一下你的二头肌"。

如何做

— 给予孩子口头指令。如果不能执行这个指令，就给他们展示可视化提示卡。

— 如果他们能够理解，接下来就帮助他们区分身体的左右部分，如哪儿是右手。

身体部位认知

做多少

— 如果孩子不能理解身体各个部位的话，这个练习应该每天都进行。

训练贴士

— 锻炼过程中不要催促孩子，要给他们充足的时间来理解你的要求。
— 当要求孩子指出某个特定的身体部位时，发出指令的人不能同时模仿这个动作。确定孩子是否能通过视觉或者语言理解你的要求是十分重要的。
— 当孩子能正确回应时，请表现出你的激动兴奋！

2 麻花式

目标： 锻炼大脑左右两半球，同时努力平静下来重新集中注意力。

 此训练适合坐着进行。

如何做

— 先让孩子舒展双臂，然后翻转双手，手背能够向下碰到拇指，胳膊交叠，扣紧手指。再让孩子双脚交叉。

做多少

— 让孩子尽可能长时间保持这种姿势，最终能坚持到 60 秒。

麻花式

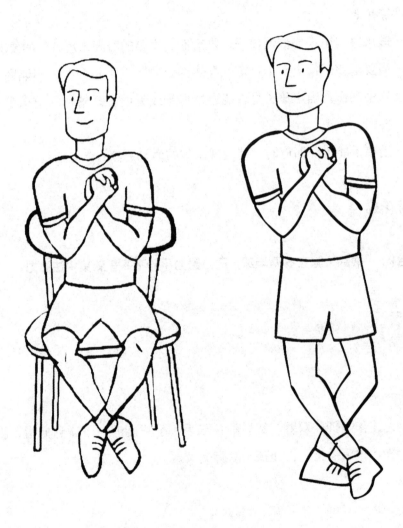

训练贴士

－你可能得帮助孩子扣紧手指。

－动作示范会非常有用。

3 抱稳定球

目标： 帮助孩子缓解压力，安定神经系统。

 运动能手瑞秋将躺在稳定球上的感觉比作躺在挤压机里。虽然这个动作的好处不太明确，但它是非常好的节约成本的放松方案。

如何做

－让孩子跪在地上，将稳定球放在他们的膝盖前，然后让他们趴在球上，轻轻地抱稳定球。要确保孩子的脚接触地面以保持平衡。

做多少

－完成一至四组，用时 20 到 60 秒。

－如果孩子需要更长时间完成也没关系，只要他们不是为了逃避训练或者是进行其他自己的活动。

训练贴士

－这项训练可以在一套训练方案中和其他练习配合使用。

－孩子可能会想躺在球上，这也可以，但要确保环境安全。

抱稳定球

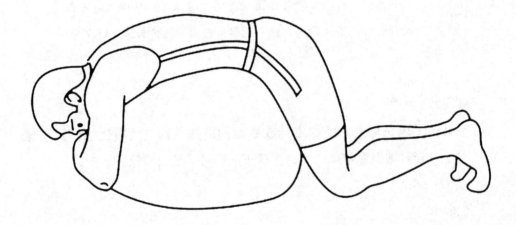

4 手臂

目标： 认识手臂，理解左右手臂的区别，以及手臂的作用与功能。

 臂绕环运动对于教育孩子理解手臂的功能非常有用。

如何做

- 在教育孩子认识手臂，或者其他身体部位时，要允许孩子采用他们自己感到舒服的姿势（如站着，坐着或者坐在稳定球上）。
- 从口头指令开始，要求孩子触摸，移动或者指向自己的手臂。如果口头要求没有成功，那就展示可视化支持材料。如果仍不成功，那就在发出指令的同时自己进行动作示范。

做多少

- 在孩子能够正确反应之前至少进行十次。但如果他们还不能理解，也不要强求，不然就可能会使孩子感到无聊，降低自信心，甚至会使他们拒绝进行锻炼。

训练贴士

- 要给孩子足够的时间去理解你所发出的口头的、视觉材料的或者是示范性的口令。请一定谨记，自闭症孩子的认知过程总会比普通孩子慢一些。

臂绕环运动

手臂

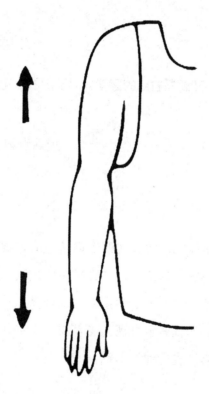

- 仅仅要求孩子认知单一的身体部位会显得很无聊，所以我们要努力使这个过程变得有趣起来，尽量和他们自身感兴趣的事情相联系，比如："如果你在水里，这个身体部位会帮助你游泳。让我看一下你是怎么游泳的好吗？""爸爸在划船的时候会用到身上这个地方。想想看，那是哪个地方可以让船桨动起来呢？"

5 脚

目标： 认识脚部，理解左右脚的区别，以及脚的作用与功能。

 可以让孩子踢一下橄榄球或者足球，吸引他们使用脚部。

如何做

- 在教育孩子认识脚部，或者其他身体部位时，要允许孩子采用他们自己感到舒服的姿势（如站着，坐着或者坐在稳定球上）。
- 从口头指令开始，要求孩子触摸、移动或者指向自己的脚。如果口头要求没有成功，那就展示可视化支持材料。如果仍不成功，那就在发出指令的同时自己进行动作示范。

做多少

- 在孩子能够正确反应之前至少进行十次。但如果他们还不能理解，也不要强求，不然就可能会使孩子感到无聊，降低自信心，甚至会使他们拒绝进行锻炼。

脚

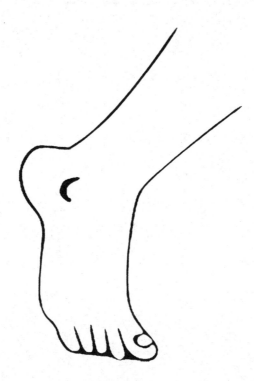

训练贴士

- 要给孩子足够的时间去理解你所发出的口头的、视觉材料的或者是示范性的口令。请一定谨记，自闭症孩子的认知过程总会比普通孩子慢一些。
- 如果孩子已经能够认识自己的脚，就可以尝试让他们"快跑"或者"走路"。这些动作有利于增进心血管系统的健康。

第七章

身体姿势

6 小腿拉伸

目标： 提升灵敏度，放松小腿肌肉。

 研究表明，小腿肌肉的拉伸与言语技能有一定联系，能够促进有言语障碍的自闭症儿童提升交流能力。

如何做

— 让孩子左腿向前跨一步，保持右腿在左腿后 30—45 cm（具体长度取决于儿童的身形）。脚尖朝前，双手手掌可以放在臀部、墙上、椅背上或者某个稳定的物体上。

接下来，慢慢弯曲左腿，同时脚后跟不要离地。然后换另一条腿重复该动作。

做多少

— 每条腿至少坚持 30 秒。

小腿拉伸

— 如果孩子在拉伸中弹跳，最多允许弹跳 20 下。

训练贴士

— 始终保持脚尖向前。

— 脚后跟不能离地。

— 保持拉伸姿势时要让孩子计数。

7 髋关节伸展

目标： 发展臀肌和腘绳肌，并改善其功能。

 伸髋运动有助于通过发展臀肌（臀部）和腘绳肌，降低腰痛风险。

如何做

— 让孩子仰卧，膝盖弯曲，脚掌伸平，颈部放松。把屁股抬起来，让膝盖、臀部和肩膀成一条直线，控制身体上下移动，并重复这个动作。

做多少

— 一次做二至四组，每组 6—15 次。

训练贴士

— 训练时尽量不要让屁股撞到地面，以防受伤。重点是练习肌肉力量。

髋关节伸展

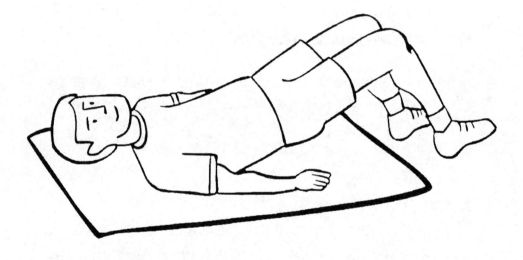

第四部分 锻炼

- 如果孩子刚开始做这个练习时速度很快,那也没关系,只要动起来就好。每一次做动作时都努力让动作的控制性更好。

8—10 圆木训练

目标: 帮助提高个体的本体感觉,同时提升肩带肌群的灵活性,增大其活动范围。

 圆木训练与自我按摩类似,可以帮助人们缓解颈部的压力和紧张度,不仅对孩子来说非常重要,对父母等成年人来说也有很大益处。

如何做
- 锻炼时给孩子示范如何上到圆木上非常重要。当孩子蹲下来坐在圆木上时,整个过程你可能都得调整圆木。另外要注意,屁股要在圆木的一端,后仰躺下。后脑勺应放在圆木上,处于中立位置,颈部应放松。

做多少
- 可以从整个拉伸过程用时 30 秒开始。如果孩子想多做一会儿,只要姿势安全,也可以。
- 如果是做手臂动作,请让孩子做 8—12 次。

训练贴士
- 掌心朝上。

圆木训练-整体伸展

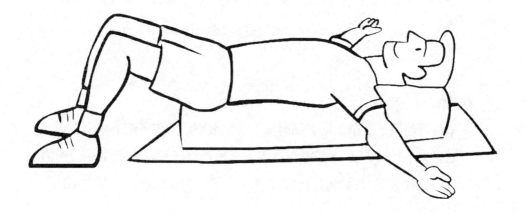

击掌

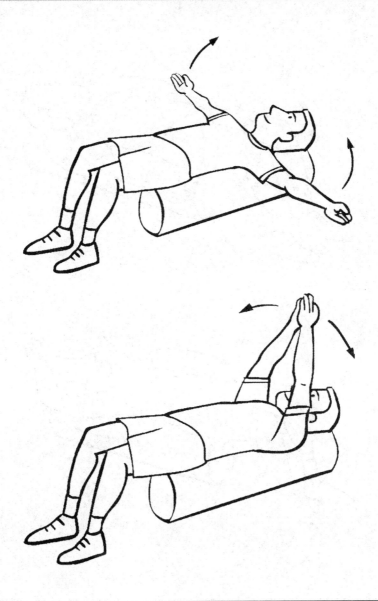

鸟展翅运动

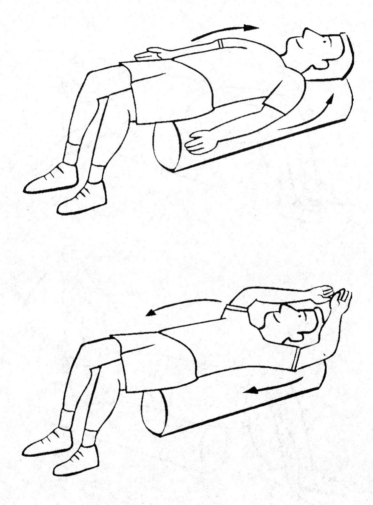

- 手不一定非要贴在地面上。如果强迫孩子这样做，他们的颈部和肩带肌群就会得不到放松。这个动作应该自然而然，坚持锻炼就能看到进步。
- 确保脖子保持水平，没有向后拱起。你得提醒孩子把脖子放在中立位置。

击掌和雪中天使（鸟展翅）运动训练贴士
- 保持稳定，确保膝盖弯曲，脚掌平放于地面。
- 手臂练习对于孩子来说可能需要花些时间，在双臂锻炼之前可以先从单侧手臂开始训练。
- 这些练习可以在锻炼前后每天进行。

11　下犬式

目标： 塑造肌肉力量，提升身体意识，同时拉伸脊柱和腿部肌肉。

 瑜伽对于低龄孩子来说是很好的吸引其参与锻炼的方式，因为他们一般都喜欢学习模仿各种动物。

如何做
- 先从手部和膝盖动作开始。双腿分开与臀同宽，双臂分开与肩同宽。努力让双手中指平行，指向正前方。
- 让孩子转动肘部，使眼睛或肘部内侧朝前。然后让孩子吸气，弯曲脚趾，就好像准备用脚趾站立一样。再呼气并伸直双腿，双臂向上推。

下犬式

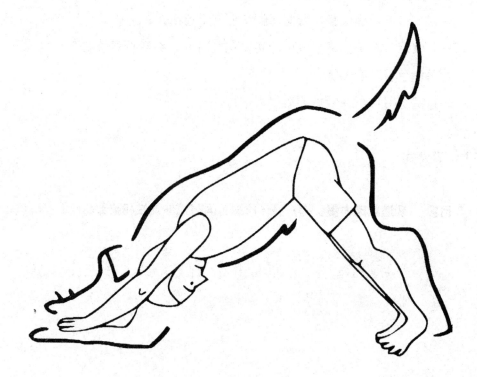

— 重量应均匀分布在手和脚之间。让孩子保持这个姿势坚持几次呼吸的时间，然后下沉放松并呼气。整个过程重复几次，注意与呼吸同步：呼气时身体顶起，吸气时身体下沉。

做多少

— 每次一至四组，每组坚持 3—30 秒。

训练贴士

— 注意不要让孩子耸肩，肩膀高过耳朵，要尽量让肩膀放松。可能得提醒孩子采用正确姿势。
— 练习的目的是在保持腿部伸直和脚掌触地的同时伸展脊柱。但在刚开始训练时，尤其是对于身体还在发育中的儿童，膝盖稍微弯曲，或者是踮脚也没有关系。

12 弗兰肯斯坦式

目标：提高动态灵活性，同时练习穿越身体中线的交叉动作。

 还有一种锻炼方法是教授穿越身体中线的交叉动作，进一步挑战孩子的能力。

如何做

— 先让孩子站直，保持良好姿势，目视前方。做这个动作时面向孩子进行示范非常重要。

弗兰肯斯坦式

—请孩子向前直走,边走边用右手去触摸左脚趾,再用左手触摸右脚趾。同样要给孩子示范这个动作。

—注意努力保持良好姿势。

做多少

—每次一至四组,每组坚持 3—30 秒。

训练贴士

—可能要做大量工作来鼓励劝说孩子愿意开始锻炼。

—如果孩子的腿不能保持伸直,尤其是在交叉摸脚趾的时候,也没关系。

—如果孩子不能在向前走时完成这项训练,可以向后退时试一试。

第八章

运动协调

13—15 敏捷梯训练

目标：提升脚眼协调能力。包含三个练习：两次向前，两次横向，两次跳跃。

 敏捷梯在室内可以用胶带制作，在室外可以用人行道粉笔画。

两次向前

如何做

- 帮助孩子进行这个训练，应该先进行动作示范。可以像图中所示，在地上标上脚印，也可以向孩子展示描绘动作的可视化支持卡片。
- 在做演示时，请尽量用大的肢体动作穿过敏捷梯，以示范你想让孩子这样做，想让孩子以同样的方式把脚放入这四个方块（比如先右脚再左脚）。
- 应该要求孩子用两种不同方式完成这项运动，先是右脚先行（如图所示），然后再左脚引导先行。

敏捷梯训练——两次向前

做多少

— 两腿分别先行,各重复一到四次。

训练贴士

— 除了在敏捷梯中贴上脚印,还可以使用不同颜色或者是孩子感兴趣或不感兴趣的图画,以使他们踩上去。

— 如果孩子的动作看上去不是那么标准也没关系,继续鼓励勤加练习。只要让他们动起来,就成功了一半。

— 制作敏捷梯时,12×12英寸的尺寸是最合适的,但是对于低龄孩子,敏捷梯的格子尺寸要再小一点。

两次横向

如何做

— 帮助孩子进行这个训练,应该先进行动作示范。可以像图中所示,在地上标上脚印,也可以向孩子展示描绘动作的可视化支持卡片。

— 在做演示时,请尽量用大的肢体动作走过敏捷梯,以示范你想让孩子这样做,想让孩子以同样的动作模式把每只脚依次放入这四个方块(比如先右脚再左脚)。注意双脚不能交叉!

— 孩子应该横向(并排)移动。可以让孩子面对着你,或者是用一个东西/刺激物来诱使他们保持正确的位置。

— 应该要求孩子用两种不同方式完成这项运动,先是右脚先行(同上例),然后再左脚引导先行。

第四部分 锻炼

敏捷梯训练——两次横向

横向移动不仅锻炼脚踝、膝盖和大腿部分的肌肉，同时对大脑也是一种锻炼。

做多少

- 两腿分别先行，各重复一到四次。

训练贴士

- 可以抓住孩子的手，面对他们，这可能会帮助他们明白要侧着横向向前走。
- 告诉孩子他们可以用自己的方式完成这项训练，这会鼓励他们掌握训练的主动权。

两次跳跃

如何做

- 帮助孩子进行这个训练，应该先进行动作示范。可以像图中所示，在地上标上脚印，也可以向孩子展示描绘动作的可视化支持卡片。
- 在做演示时，请慢慢跳越敏捷梯，向孩子展示你想让他这样做，让他双脚一起跳进四个方块里。速度并不重要，重要的是掌握这个动作模式。
- 应该要求孩子以向前跳和向后跳这两种不同的方式完成这项训练。如果孩子在跳跃时向后看，也是可以的。

 除了让孩子跳到地板的脚印上，还可以尝试使用他们最爱的电影角色的图片，甚至是大反派的图片。

敏捷梯训练——两次跳跃

做多少

— 向前和向后分别进行一到四次。

训练贴士

— 要求孩子向前跳时,你需要把脚放在梯子里面对他们,然后示范向后跳。做这个动作时你可能需要拉住他们的手。
— 在开始前采用倒计时的方法,比如"准备!3,2,1,开始"。
— 要有足够的耐心,对孩子来说,跳跃能力是非常具有挑战性的。
— 可以试着放个小盒子或者放本书,让他们跳上去再跳下来。

16 接抛球(大小球)

目标: 提升手眼协调能力。

 上手抛投对孩子来说是非常危险的。刚开始可以先用下手抛投,近距离开始。

如何做

— 孩子应该面向你或者他的训练搭档站立,两人相距大约 2—4 步那么远。在地上用胶布标记出"X",或者用一个警示物,帮助孩子找到正确的站立位置。然后你应该双手向下,抛给孩子一个大球(比如篮球,或者同等尺寸的其他球),他应该努力用手掌和手指接住这个球。

第四部分 锻炼

接抛球（大球）

接抛球（小球）

—使用小球训练时（棒球或其他同等尺寸的球），训练步骤和接大球是一样的。但你可以触碰孩子需要接球的那只手，以给孩子一个肢体上的提示，或者直接示范接球动作，或者肢体提示孩子把另一只不需要接球的手背到后面。孩子应该努力用手掌和手指去接球。

做多少

—每次一至四组，每组接5—15个球。

训练贴士

—要用让孩子感觉舒服的球——比如软乎乎的球，或者是能给予儿童视觉刺激的球就非常合适。

—用非惯用手练习接抛球可以提升优势手的运动规划能力。

17　交叉行进

目标： 使用相反的手臂和腿连续交叉穿过身体中线，同时改善运动协调性。

　这是一个很好的课间运动，有利于锻炼大脑左右两半球。

如何做

—这个训练可以促进走和跑的身体机能。可以使用"X"或者警示物在地面上做个看得见的标记，以帮助孩子站在正确的位置上。最好为孩子示范一次这个练习。

交叉行进

第四部分 锻炼

— 训练目标是让孩子原地踏步的同时，抬起右膝盖，用左手去触摸，然后再抬起左膝盖，用右手去触摸。

做多少

— 先尝试连续六次触摸，然后逐渐增加次数。请让孩子自己边做边计数。

训练贴士

— 你可能需要给孩子一些身体提示，以帮助他们用合适的手去触摸正确的膝盖，做出正确的动作。在给出完整提示之前，可以试着先敲一下孩子与手相对应的对侧的腿和膝盖。
— 如果孩子不能站在原地完成这项训练，那就让他们绕圈走，或者向前向后走。在这项训练上我有丰富的成功经验。

18 使用肘部交叉行进

目标： 越过身体中轴线交叉行进时，用与腿相反的手臂和肘部触碰腿，这样可以提升身体的协调能力，同时可以锻炼腹部力量。

 使用肘部对腹部是一种锻炼。

如何做

— 用胶带在地上做一个"X"，或为孩子提供站立位置的视觉标记。最好为孩子示范这个练习，并展示视觉效果。

使用肘部交叉行进

— 让孩子抬起右膝，用左肘触摸它，然后抬起左膝，用右肘触摸它。

做多少

— 每次做一至四组，每组做 6—30 次。

训练贴士

— 你可能需要给孩子一些身体提示，以帮助他们用合适的膝盖去触碰到正确的对侧的肘部。在给出完整提示之前，可以试着先敲一下孩子合适的膝盖和肘部。

— 如果孩子不能站在原地完成这项训练，那就让他们绕圈走，或者向前向后走。对于这样做，我见过很多成功案例。

19—21 字母跳

目标： 提升整个机体的协调能力，加强脚踝、膝盖和大腿的肌肉力量，同时帮助孩子增长字母知识。

 可以让孩子跳完字母后，在白板上写下自己跳的字母，这样就增加了一个精细动作活动。

如何做

— 用胶带、粉笔或者喷粉在地上标记出五个点。如图所示，每个点之间大概相距 1—2 步远。

字母跳——双腿跳

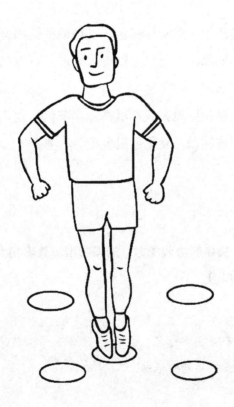

字母跳——单腿跳

- 记住让孩子总是从双腿起跳开始。让孩子从要"拼写"的字母的适当点开始。例如,如果要拼写"M",孩子要从左下角的点开始。儿童可能会选择从左下方的点开始训练。如果要拼写"X",那么孩子就要一只脚放在左下方,另一只放在右下方,然后两只脚同时跳到最中间,最后跳到上面的两个点。

做多少
- 每个字母都要被正确拼写一次。孩子全部完成之后,可以再重复这个训练,每节课最多做五组。

训练贴士
- 孩子不一定要跳着拼写,走着也可以。他们的大脑以另一种方式加工字母,跳跃的话可能会花费更多时间。
- 如果孩子可以轻松做到两只脚跳,那就试试单脚跳。但要确定两条腿都得到训练。

试着跳跳这些字母

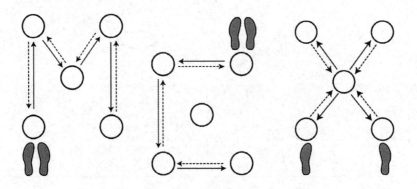

第九章

肌肉适能

22　哑铃卧推

目标：加强上身肌肉力量（胸肌——胸部、三角肌——肩部，肱三头肌——手臂后部），同时提供感官反馈。

 在练习过程中，一定要协助或留意指导孩子。但不要协助腕部，不要协助抓握或定位哑铃！

如何做

- 让孩子膝盖弯曲并仰卧，双脚平放，颈部放松。然后把哑铃递给孩子。接着将你的手放在孩子的胸部上方，让他们将哑铃推向你的手。
- 接着让孩子将哑铃放回起始位置，双臂背面轻拍地面并重复练习。

做多少

- 每次一到四组，每组 6—20 次。

哑铃卧推

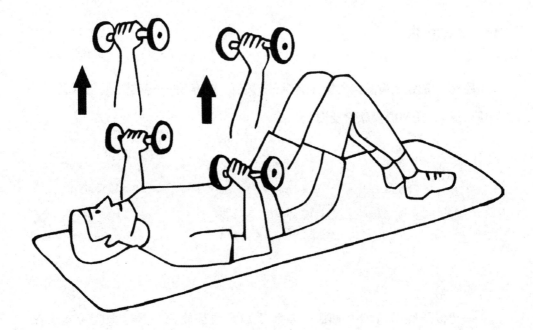

训练贴士

- 如果你为孩子准备了一条长凳,你可以使用它,但它可能会更合适青少年或成人使用。对于孩子来说,他们躺在地上可能会更安全,也可以更好地控制动作。
- 如果孩子躺在长凳上时双脚无法自然舒服地接触到地面,请勿使用长凳。

23 单臂哑铃划船

目标: 提高背部和肩带的肌肉适能。

如何做

- 首先让孩子的双手和膝盖着地,确保脊柱笔直,与地面对齐,同时眼睛看向地面。
- 接着让孩子用一只手抓住哑铃。将你的手放在孩子的肘部上方,让孩子举起哑铃,直到他们的肘部能够碰到你的手。
- 让孩子慢慢放低哑铃并重复这一动作,确保他们的双臂得到锻炼。
- 请记住始终从较轻的哑铃开始练习,然后再尝试较重的哑铃。

做多少

- 每次练习四组,每组 6—20 次。

训练贴士

- 为了让孩子获得全方位的运动,你可能需要将另一只手放在起始位置(底部),以便孩子也触摸那里。

单臂哑铃划船

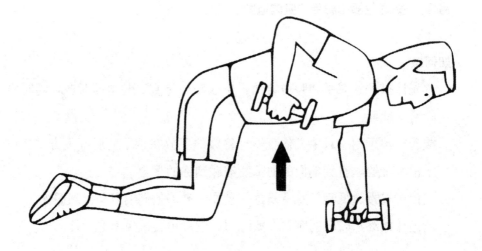

- 如果孩子的双手在交替重复地练习（先右后左），那也可以。再强调一下，只要确保安全，任何能让身体动起来的活动都可以。

24　站立弹力带拉背（双手）

目标： 改善体态和背肌的肌肉适能。

 可以试着用一只手做这一动作。孩子借机可以再次认识自己左右手的差异。

如何做

- 将弹力带缠绕在地下室的柱子或其他任何稳定和安全的物体上。接着将把手交给孩子，然后走到他们身后。
- 然后让孩子拉动带子，要求他们的肘部碰到你的手。这将帮助孩子了解他们需要完成的运动范围。

做多少

- 每次练习一至四组，每组 6—20 下。

训练贴士

- 当孩子用双手把带子拉向你的手时，注意他们背部中间。如果肩胛骨没有收拢夹紧，你可以将自己的手再向后移动，要求孩子的肘部碰到你的手。

| 站立弹力带拉背（单手） | 站立弹力带拉背（双手） |

25—27 药球系列

目标： 改善胸部、肩部和手臂的肌肉适能。

药球斩

如何做

- 开始时孩子需要双臂伸直拿起药球，并远离胸部。然后，慢慢地将药球举过头顶，保持双臂伸直。
- 放下药球时，应该慢慢降低并放下。整个过程要保持手臂伸直。

做多少

- 每次练习一到三组，每组 3—12 次。

训练贴士

- 始终从轻量级的药球开始练习。
- 在最初的几次重复练习中，你可能需要将孩子的手臂引导到正确的位置。

药球过头推举

如何做

- 让孩子抱球从胸部水平位置开始，双臂逐渐弯曲，双手牢牢地放在药球的两侧。
- 然后，他们要将手臂接近完全伸展，将药球向上推举或压过头顶。

药球斩

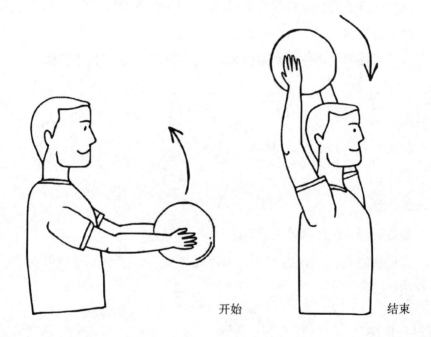

开始　　　　　　　　　结束

药球过头推举

开始

结束

做多少

- 每次练习一到三组,每组 3—12 次。

训练贴士

- 为了帮助孩子做到完全伸展,可以让他们用越过头顶的球击打你的手或其他物体。
- 膝盖要微微弯曲,挺直上半身,不能以任何方式弯腰驼背。

同伴搭档传递药球

 药球的进阶练习是胸前传球,类似于篮球的胸前传球。

如何做

- 首先让孩子双手牢牢抓住药球的两侧,使其与胸部保持水平。
- 搭档应该站在孩子面前,手臂距离和胸部水平的药球大约两英尺。
- 确保在传递药球之前,孩子要相互看着对方或药球。你也可以让他们在传递药球之前说出搭档的名字,例如"约翰,接球"。

做多少

- 每次练习一到三组,每组 3—12 次。

训练贴士

- 如果药球开始在运动过程中掉落,可以先用较轻的药球代替。

第四部分 锻炼

同伴搭档传递药球

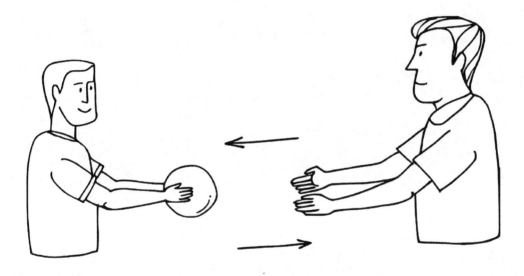

－你可以先让孩子们简单地前后来回传递药球。
－倒计时数数（例如，3……2……1）可以更好地帮助孩子了解活动的结束时间。

第十章

腹部力量

28—31 超人系列

目标： 发展腰腹力量及平衡能力，扩展肩部和腿部的运动幅度。同时提高身体中线的交叉拉伸。

这一系列的前两个练习是为系统的超人练习做准备。

踢腿

目标： 为了增加臀部和腿部的运动范围，同时挑战腹肌力量，进行完整的超人练习。

 如果孩子的腿没有伸直，请将你的手放在他们腿的上方，让他们的腿有触碰目标，能够碰到你的手。

如何做

－让孩子先从手和膝盖开始，确保脊柱与地面对齐并且眼睛看着地面。

超人系列—踢腿

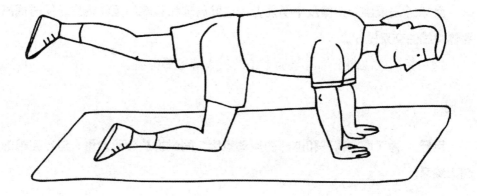

超人系列—踢腿触碰到手

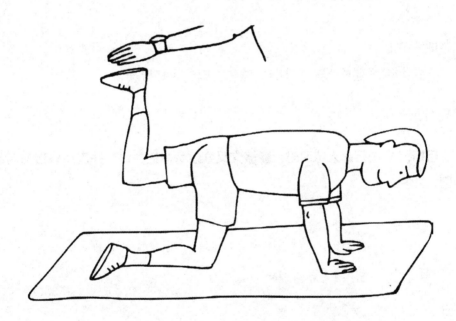

— 接着，让孩子伸出右腿或左腿。你可能需要轻敲他们的腿，让他们知道你希望他们抬起的是哪一条腿。

— 然后，确保他们回到起始位置并重复。如果他们在返回时让膝盖放松休息，也是可以的。而你的目标应该是让他们不中断、持续地运动。

做多少

— 每次一到四组，每组 6 到 15 次。

训练贴士

— 这个练习是教会孩子区分左腿和右腿的大好机会。

手臂伸展

目标： 在进行超人练习时，能够交叉穿过身体的中线，并增加肩带的活动范围。

 在孩子的手上放一个小哑铃（1 磅），这样可以帮助他们更多地增强肩带力量。

如何做

— 让孩子先从手和膝盖开始，确保脊柱与地面对齐，并且眼睛看着地面。

— 接着，让孩子用右手或左手，先触碰对侧的膝盖，然后伸展出去或者伸向你的手。

手臂伸展

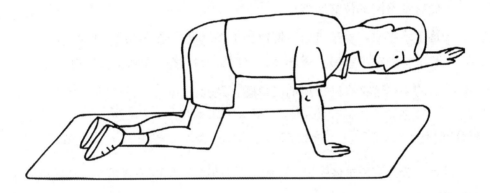

- 换另一只手重复这一动作。
- 在孩子伸臂去够到你的手之前,要强调触摸对侧膝盖的重要性并及时表扬肯定孩子。

做多少
- 每只手练习一至四组,每组 6—15 次。

训练贴士
- 如果你将手移动到不同位置让孩子努力伸臂去触碰够到,可以锻炼他们肩带不同部位的肌肉。
- 这个练习应该单独进行,即使孩子可以进行完整的超人练习。
- 为了帮助孩子触摸对侧膝盖,可以试着让他们在地面或地毯上滑动自己的手,这将有助于他们获得感官经验。

超人练习

目标: 交叉穿越身体中线,在腹部下方触碰对侧的膝盖和手,然后再完全伸展手臂和腿。

 如果你的孩子在仰卧起坐或仰卧卷腹方面有困难,那么这是一个增强腹部力量非常好的替代方案。

如何做
- 让孩子先从手和膝盖开始,确保脊柱与地面对齐,并且眼睛看着地面。

超人练习

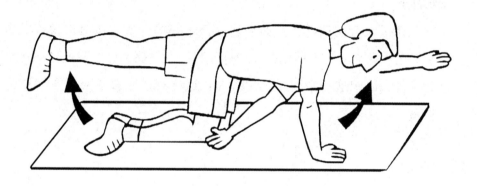

- 接着，让孩子的右手触碰对侧膝盖（左边膝盖），然后右手和左腿同时伸出。一次做一侧，然后用左手和右腿重复练习。
- 当孩子不断地重复练习你所要求的次数，理想情况下，你会希望他们在任何时候都在练习手/腿。但这个练习很复杂，如果孩子需要休息来消化这一动作的信息，请允许他们休息。

做多少

- 每次一到四组，每组每侧 6 到 20 次。

训练贴士

- 这项练习太有挑战性了！如果你的孩子在第一次尝试时，没有学会它，请不要担心。关键是能够进行分解练习。孩子可以跟随可视化提示卡片，回顾这一系列早先的练习，这样有助于孩子成功掌握这一练习。

32 俯卧撑

目标：增强腹部、手臂、臀部/腘绳肌和肩带的肌肉适能。

 孩子们不用做完整的俯卧撑，只是尝试保持这个姿势。

如何做

- 孩子的手和膝盖先从地面开始。

第四部分 锻炼

俯卧撑

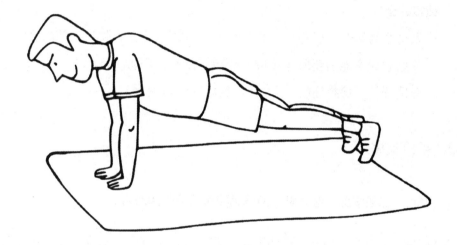

— 接着，孩子要确保自己的双手平放在地面或垫子上，并且胸部要正对着双手。

— 然后，让他们将一条腿向后伸直，脚趾或脚掌着地，然后另一条腿跟上。

— 要有耐心，这是一个对全身都具有挑战性的运动。

做多少

— 每次一到三组，每组持续 5 到 20 秒。

训练贴士

— 做这个动作时可以想象一条从肩部、臀部、膝盖到脚踝延伸的直线。

— 开始时你可能需要肢体提醒，让孩子抬起臀部防止下沉。

— 慢慢开始，保持姿势 3—8 秒，然后逐渐增加时间。

33　平板支撑

目标： 加强腹部、臀大肌、腘绳肌和肩带的肌肉力量。

 这项运动可以锻炼整个身体，并且比传统的仰卧起坐或仰卧卷腹更有效，也更安全。

如何做

— 为了帮助孩子完成这个练习，应该先进行动作示范。如果有必要，可以向孩子出示描述这一练习的可视化提醒卡片。

平板支撑

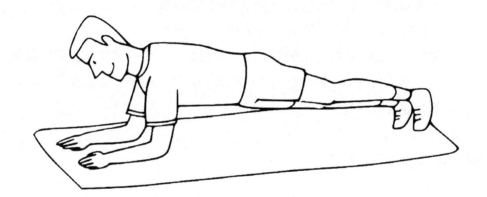

— 开始时,孩子的前臂和手掌要平放在地面。接着,让孩子将双腿向后伸直,脚趾用力蹬着地板。你要提醒孩子保持背部平直(臀部不应太高或下沉)。

做多少

— 每次一到四组,每组 5—20 秒。

训练贴士

— 首先,让孩子试着保持俯卧撑的姿势。
— 如果孩子能做到这个动作,试着在他们做的时候轻拍他们的肩膀、躯干两侧和腿。这样可以进一步锻炼他们的腹肌。
— 确保脖子保持放松,眼睛看着地面。
— 如果孩子的臀部抬得比较高,这也没问题,但要尽量让他们的臀部向下。身体在这个位置可能会微微摇晃,但是没关系,这恰恰说明这项锻炼是有效果的。

34 同伴搭档仰卧卷腹

目标: 加强腹肌力量,同时进行团队合作。

 这是一个与你的孩子或学生建立社交技能的绝佳练习。

如何做

— 首先,让孩子平躺在地上,膝盖弯曲,双脚放平,做仰卧卷腹。然后,搭档或你站在孩子脚边,伸出双臂。

同伴搭档仰卧卷腹

－让孩子伸出双臂，然后卷腹蜷缩，触摸你或搭档的手。只需让肩胛骨离开地面，而不要求整个身体这样做。如果他们的身体卷上来，那么你或其搭档的手和身体位置需要进行调整，以便于更接近他们。

做多少
－每次一到四组，每组 5—15 次。

训练贴士
－做这项练习时可以让孩子和搭档一起数数。
－如果孩子与搭档一起练习，要确保他们能够进行对调，互换位置，学会两个位置的练习。

第十一章

心血管适能

35—42　跑步技术

（四散跑/直线跑，最少步数/更多步数，有声着地/安静着地，快速摆臂/没有摆臂）

目标：改善粗大运动的协调性，这会有助于跑步、步行和很多粗大运动活动。

理想情况下，这一系列的跑步方式应该在一起练习。请试着成对进行练习（例如，先是四散跑，然后再直线跑等）。如果不能马上完成全部练习，那也没关系。先选择孩子可能喜欢的，然后再逐渐尝试其他的。

如何做

- 选择一个适合孩子的跑步或行走的距离，然后用圆锥体或地面上的两个物体或线作为起点和终点。
- 如果你有一个标记开始和停止的可视化支持卡，请把它放在合适的位置。
- 孩子刚开始练习时请使用相同的倒计时和节奏，这一点很重要。例如，"准备好……一组……开始""向下……一组……开走"或"3……2……1……出发！"

— 如果这些声音提示孩子难以理解，那么可以试着用手臂活动作为练习开始的提示。例如，将你的手臂举到空中，放下手臂则表示"开始"，孩子就出发。要确保先给孩子演示一下。

— 切记这些练习都要进行示范。

做多少

— 每次一到十组，每组 5—20 英尺。

四散跑

训练贴士

— 让这项运动看起来有趣好玩儿，将会大有益处。

— 孩子跑步时，要提醒鼓励他们抬起膝盖。

直线跑

训练贴士

— 地面上的脚印标记会对孩子跑步有所帮助（如图所示），在室外用粉笔画一条线或在室内使用胶带同样有用。

— 对于更高级的练习，可以尝试在路沿进行。要谨慎进行：先步行、慢跑，然后再跑步。

最少步数

训练贴士

— 这项运动做起来就像孩子正在跳跃或伸手去够某样东西。

— 根据孩子的个头和能力，每隔 3 到 5 英尺可以放一个可视化提示物。

四散跑

直线跑

第四部分 锻炼

最少步数

更多步数

训练贴士

- 孩子跑步时,要给他们强调"抬起膝盖";另外,有时候孩子可能会拖着脚在地上走。
- 注意观察孩子手臂的动作。手臂运动是否是相反的?还是一直垂在身体一侧?先让孩子对这个练习充满信心,再开始讲解手臂的动作。

有声着地

训练贴士

- 并不需要用沉重的步伐跑到终点,而是要努力保持正确的跑步技术,同时用脚踏出尽可能大的声响。
- 如果孩子希望或确实跳过这一步骤,也是可以的。

安静着地

训练贴士

- 可以告诉孩子,跑步时要"像猫一样安静"。
- 要让孩子从踮起脚尖开始做起。

快速摆臂

如果孩子完成动作有困难,那就先不用双腿。可以让孩子坐在地上,双腿向前伸直,双臂快速移动。当孩子更有信心时,再加上脚部动作。

更多步数

有声着地

安静着地

快速摆臂

训练贴士

— 孩子跑动时，要记住一个词组：下巴-臀部。两只手要从下巴下移到臀部，分别反向摆臂。双手摆臂幅度不要超过身体中轴线。

— 即使孩子用这种方式来走路也没关系；这个练习的重点是手臂的动作。

没有摆臂

孩子向前跑时，如果躯干或上半身左右摆幅很大，可能提示其腹部力量较弱。

训练贴士

— 请记住，要让所有的练习好玩、有趣。

— 请和孩子一起做这些练习。

43 跑步机

目标： 提高心血管适能水平，并教会孩子如何正确使用跑步机。

不要担心孩子在跑步机上看他喜欢的电视节目或听喜欢的音乐。我们在健身房会这样做，孩子们当然也可以。

没有摆臂

跑步机

如何做

— 首先，让孩子站在跑步机上，然后以大约 1 英里/小时的速度启动跑步机。这时候孩子可能会有些害怕，所以最好慢慢地开始。一定要将紧急脱扣夹固定在孩子的衬衫或短裤上。

— 当他们越来越习惯跑步机时，可以逐渐加快速度。就增加体能或减轻体重而言，也并非速度越快越好。

— 如果孩子感到不舒服，要确保他们能够抓住把手。

— 如果机器上有很多按钮，孩子可能想要探索或全部按下它们。需要遮盖可能导致问题的按钮（比如"停止"按钮）。

做多少

— 每次 1—20 分钟。

— 先从走步开始，慢慢增加速度到跑起来。（这可能需要几个月的时间。）

训练贴士

— 如果孩子待在跑步机上有困难，可以站在他们身后，把双腿放在跑步机的两侧，防止他们想走下跑步机。

— 可以先做个示范——让他们看着你做五分钟，然后再让孩子去尝试。可以告诉孩子："第一个是妈妈……接着是约翰尼。"

— 有时候孩子观察跑步机踏板的移动会比自己站在上面更兴奋，但还是要鼓励他们在走步或跑步的时候多观察踏板。

— 如果孩子不能跑步只能走步，可以逐渐增加跑步机的坡度。这将有助于增加卡路里的消耗并改善心血管的适能水平。

44 遵循方向指示跑步

目标: 提高心血管适能水平,同时学习遵循运动计划听从指示。

 同样的思路也可以用来帮助孩子学习在棒球中跑垒。可以在菱形块中放置锥形筒并尝试一下!

如何做

- 在孩子可以完成的距离内设置四个锥形筒。根据实际需要也可以设置更多或更少的锥形筒。
- 使用孩子熟悉的节奏开始活动,例如:"准备……一组……开始!"
- 如果孩子正在走步,不要推着他们跑起来。让他们自己探索发现方法——这是挑战成功的一半。

做多少

- 每次一到三组或1—5圈。

训练贴士

- 地上的箭头有助于向孩子展示希望他们奔跑行进的方向。可以使用人行道粉笔、胶带或喷漆来进行标记。
- 要和孩子一起跑起来!不要光说不做,要行动起来!

遵循方向指示跑步

45　健身自行车

目标： 提高心血管适能水平，同时尽力增强骑自行车的运动协调性。

 与跑步机相比，孩子使用自行车每次锻炼所消耗的卡路里会更少；但是，自行车使用起来更安全。

如何做

— 与所有练习一样，要给孩子示范你想要他们做的动作。
— 如果蹬转过程中孩子膝盖没有完全伸展，就需要调整自行车座椅；可以让膝盖有轻微弯曲。
— 先让孩子坐在自行车上，然后开始踩踏板。你可能需要提醒他们自己动起腿来。

做多少

— 每次 1—20 分钟。

训练贴士

— 如果孩子不会或不想按下刹车，请尝试增加阻力；这可能能够给孩子更多的感官反馈。

健身自行车

46 蹦床

目标：提高心血管适能水平，满足孩子感觉统合的需求，增强脚踝、膝盖和臀部肌肉的力量。

 可以让孩子试着用跳跃模式（两脚分开起跳-同时起跳）移动双脚或来回拖动双脚。这样做会增强脚踝、膝盖和臀部的力量，同时能够进一步锻炼大脑！

如何做
- 让孩子站立在蹦床上，一次用一只脚。
- 当孩子感到舒服时，让他们试着"跳跃"或给他们展示视觉支持卡。

做多少
- 每次一到五组，每组10—25次跳跃。

训练贴士
- 如果孩子还不习惯在蹦床上跳跃，在跳跃时握住他们的手可能会有所帮助。
- 孩子跳跃时，你同时也在地面上跳跃，这也会大有帮助。

蹦床

参考文献

Bryan, L. and Gast, D. (2000) "Teaching on-task and on-schedule behaviors to high functioning children with autism via picture activity schedules." *Journal of Autism and Developmental Disorders 30*, 553–567.

Creera, D. J., Romberg, C., Saksida, L. M., van Praag, H., and Bussey, T. J. (2010) "Running enhances spatial pattern separation in mice." *PNAS 107*, 5, 2367–2372.

Dettmer, S., Simpson, R., Myles, B., and Ganz, J. (2000) "The use of visual supports to facilitate transitions of students with autism." *Focus on Autism and Other Developmental Disabilities 15*, 163–170.

Egan, A. M., Dreyer M. L., Odar, C. C., Beckwith, M., and Garrison, C. B. (2013) "Obesity in young children with autism spectrum disorders: Prevalence and associated factors." *Childhood Obesity 9*, 2, 125–131.

Erickson, K. I., Voss, M. W., Prakash, R. S., Basake, C., Szabo, A., Chaddock, L., Kim, J. S., Heo, S., Alves, H., White, S. M., Wojcicki, T. R., Mailey, E., Vieira, V. J., Martin, S. A., Pence, B. D., Woods, McAuley, E., and Kramer, A. F. (2011) "Exercise training increases size of hippocampus and improves memory." *PNAS 108*, 7.

Kendall, F., McCreary, E., and and Provance, P. (1993) *Muscles: Testing and Function with Posture and Pain*. 4th edn. Philadelphia, Pa: Lippincott Williams and Wilkins.

Krantz, P. J. and McClannahan, L. E. (1998) "Social interaction skills for children with autism: A script-fading procedure for beginning readers." *Journal of Applied Behavior Analysis 31*, 191–202.

MacDuff, G., Krantz, P., and McClannahan, L. (1993) "Teaching children with autism to use photographic activity schedules: Maintenance and generalization of complex response chains." *Journal of Applied Behavior Analysis 26*, 89–97.

Mahoney, G. and Perales, F. (2005) "Relationship-focused early intervention with children with pervasive developmental disorders and other disabilities: A comparative study." *Journal of Developmental and Behavioral Pediatrics 26*, 2, 77–85.

Massey, G. and Wheeler, J. (2000) "Acquisition and generalization of activity schedules and their effects on task engagement in a young child with autism in an inclusive preschool classroom." *Education and Training in Mental Retardation and Developmental Disabilities 35*, 326–335.

McCleery, J. P., Elliott, N. A., Sampanis, D. S., and Stepanidou, C. A. (2013) "Motor development and motor resonance difficulties in autism: relevance to early intervention for language and communication skills." Journal of Autism and Developmental Disorder. Doi: 10.3389/fnint.2013.00030.

Morrison, R., Sainato, D., Benchaaban, D., and Endo, S. (2002) "Increasing play skills of children with autism using activity schedules and correspondence training." *Journal of Early Intervention 25*, 58–72.

Nieman, D. C. (1999) *Exercise Testing and Prescription: A Health-Related Approach*. 4th edn. Mountain View, CA: Mayfield.

O'Connor, J. H., French, R., and Henderson, H. (2000) "Use of physical activity to improve behaviour of children with autism." *Palestra 16*, 3, 5.

Rosenthal-Malek, A. and Mitchell, S. (1997) "Brief report: The effects of exercise on the self-stimulating behaviors and positive responding of adolescents with autism." *Journal of Autism and Developmental Disorders 27*, 2, 193–202.